東京 MUSEUM GUIDE

改訂新版

朝日新聞出版

はじめに

ちょっと疲れたとき、退屈なとき、寂しいとき。私たちの心に彩りを与えてくれるのが、アートです。「芸術」なんていうと、何だかむずかしい感じがしてしまいますが、よく知らないから、よさが分からないかもしれないから、と気おくれする必要はありません。

　ぽっかりと予定のあいた休日に、仕事の帰りに。ふらりと美術館に立ち寄っ

世田谷美術館（P38）

て、素敵なものに囲まれながら、心の赴くままにのんびりと過ごしてみる。たまにはそんな時間があってもいいですよね。

東京都内にあるアートスポットは、美術館のほかに小さなギャラリーも合わせると、数えきれないほど。本書では、誰もが知っている有名な美術館から隠れ家的なアートギャラリーまで、約１００軒を紹介しています。

日々を彩るアートなスポットへ、ふらっと出かけてみませんか。

TOKYO MUSEUM GUIDE

目 次

本書をご利用になる前に

データのアイコンについて

レストラン　カフェ　車いすでの見学可能　コインロッカー　ショップ

㊟住所　㊟電話番号　㊟開館・営業時間　㊟休館日・定休日　㊟料金　㊟交通

ご注意

- **本書に掲載したデータは2024年12月現在のものです。**
- 原則として、取材時点での税率をもとにした消費税込みの料金を表示していますので、ご利用の際はご注意ください。
- 商品により、軽減税率の対象となる場合などで料金が異なる場合があります。
- 開館・営業時間は原則として、施設は開館〜閉館時間を、店舗では開店〜閉店時間（LOとある場合はラストオーダーの時間）を表示しています。詳細は各施設へお問い合わせください。
- 休館日・定休日は原則として、年末年始、臨時休業などを除いた日のみを掲載しています。祝日の表記には振替休日も含みます。設定の詳細は各施設へお問い合わせください。
- 施設の料金は常設展の大人料金を表示しています。特別展など別途料金が必要な場合があります。レストランや宿泊施設は基本的にサービス料込みの料金を記載しています。
- 「車いすでの見学可能」の判断基準は各施設に準じます。
- 本書出版後、内容や料金などが変更となる場合がありますので、あらかじめご確認のうえお出かけください。
- 本書に掲載された内容による損害等は弊社では補償しかねますので、あらかじめご了承ください。

東京の最新事情をチェック

最旬 ART TOPICS

気軽にアートに触れられる複合施設や最新技術を駆使したデジタルアートが最近のトレンド！ 今、東京で話題のスポットをチェックして。

ART TOPIC 1

アートな新スポットが続々登場！

2024～2025年にオープンの注目スポットがこちら！

持田敦子 Mochida Atsuko《Steps》2024　Photo: ToLoLo studio

1

ギャラリーコンプレックス

2

京橋に誕生！
現代アートの複合空間

2024.11 OPEN

TODA BUILDING

ポップカルチャーやデザイン、現代アートの展覧会を行う「CREATIVE MUSEUM TOKYO」、4つのギャラリーが集まる「ギャラリーコンプレックス」のほかパブリックアートも。

トダ ビルディング　㊟ 中央区京橋1-7-1　㊟電 ㊟時 ㊟休 ㊟¥ 施設により異なる　㊟交 銀座線京橋駅6番出口から徒歩約3分

3　毛利悠子《分割された 地震動軌跡模型 I-4》2024　Photo: ToLoLo studio

1.3エントランスロビーや屋外広場、2階の廊下にパブリックアートを展示 2ギャラリーコンプレックスにはタカ･イシイギャラリー、小山登美夫ギャラリー、KOSAKU KANECHIKA、Yutaka Kikutake Galleryが

Photo: Ryohei Tomita

©Kotao Tomozawa

ギャラリー併設のカフェも素敵！

アートギャラリーとベーカリー＆カフェが併設する空間で、NY発祥のTHE CITY BAKERYのパンとコーヒーを味わえる。

Gallery & Bakery Tokyo 8分

㊟時 8:00～19:00　㊟休 無休

2

現代作家の作品を集めた 圧巻の個人コレクション

オラファー・エリアソン《Eye see you》(2006)　1

2024.6 OPEN

UESHIMA MUSEUM

現代アートのコレクター・植島幹九郎氏のコレクションを公開。「同時代性」をテーマに、国内外で活躍するアーティストの作品を5フロアにわたり展示し、見応え満点！

ライアン・ガンダー《Sowing confusion amongst the titles, or The squatters》(2020)

3

1太陽を擬似的に表現したインスタレーション作品 2コレクション作家のモノグラフや展覧会図録などを開架書棚で公開。来館者は自由に閲覧できる 3展示台に横たわる猫。近くで見ると動いている!?

ウエシマ ミュージアム　(住) 渋谷区渋谷1-21-18 渋谷教育学園 植島タワー　(電) 03-6271-5359　(時) 10：55～17：30（日時指定Webチケット制）　(休) 月曜、不定休　(¥) 1500円　(交) 各線渋谷駅から徒歩約10分

ひと足のばして横浜の美建築ミュージアムへ

2025.2 RENEWAL OPEN

横浜美術館

横浜が開港した19世紀後半から現代にかけての作品を幅広く収集する横浜美術館が、大規模改修工事を終えて全館オープン。1万4000点以上のコレクションを中心に展覧会で公開する。

よこはまびじゅつかん　(住) 横浜市西区みなとみらい3-4-1　(電) 045-221-0300　(時) 10：00～18：00（最終入館17：30）　(休) 木曜　(¥) コレクション展：一部無料、企画展：展示により異なる　(交) みなとみらい線みなとみらい駅3番出口から徒歩約3分

階段が印象的なグランドギャラリーを中心とする無料エリア、「じゆうエリア」がお目見え／撮影：新津保建秀

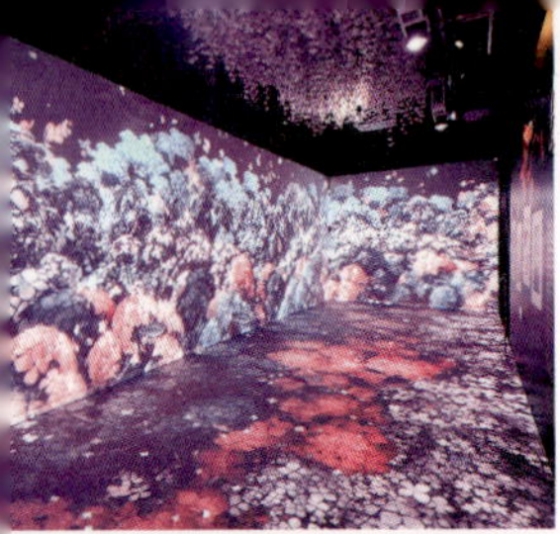

ART TOPIC 2

デジタルアートの世界に浸る イマーシブなアート体験がトレンド

音や映像を駆使した最先端のアートが美術界を席巻中！

立体映像空間で没入感MAXな浮世絵の世界へ！

動き出す浮世絵展 TOKYO

2024年12月21日～2025年3月31日

葛飾北斎、歌川国芳、東洲斎写楽など、世界的に有名な浮世絵師の作品300点以上が、3DCGアニメーションやプロジェクションマッピングにより動き出す。

うごきだすうきよえてん トウキョウ (住) 品川区東品川2-6-4 寺田倉庫 G1ビル (電) 052-229-6030（動き出す浮世絵展 実行委員会事務局） (時) 9：30～20：00（最終入館19：30） (休) 12月31日・1月1日 (¥) 2700円 (交) りんかい線天王洲アイル駅B出口から徒歩約4分

チームラボ《あおむしハウスの高速回転跳ね球》Courtesy teamLab Borderless, Jeddah ©チームラボ

チームラボプラネッツに新エリアが登場

チームラボプラネッツ TOKYO DMM.com

日本だけでなく、今や世界各地で人気のチームラボ。豊洲では大規模新エリア「運動の森」など10作品以上がデビュー。遊び心満点の作品で、より一層ファミリーで楽しめるように。

チームラボプラネッツ トウキョウ ディーエムエム (住) 江東区豊洲6-1-16 (電) 非公開 (時) 9：00～22：00（最終入館21：00） (休) 不定休 (¥) 3600円～（時期により異なる） (交) ゆりかもめ新豊洲駅から徒歩1分

チームラボ《Floating Flower Garden: 花と我と同根、庭と我と一体》©チームラボ

ART TOPIC 3

ギャラリーが素敵な 最新コンプレックスがこちら

アートギャラリーを擁する大型商業施設が続々登場！

原宿の新たな名所でギャラリーめぐり

東急プラザ原宿「ハラカド」

個性的なショップや飲食店が集まる「ハラカド」は2024年開業。ギャラリー併設のクリエイティブラウンジ「BABY THE COFFEE BREW CLUB GALLERY ROOM」や雑誌の図書館「COVER」に注目！

写真提供：東急不動産

BABY THE COFFEE BREW CLUB GALLERY ROOM

COVER

とうきゅうプラザはらじゅく ハラカド　(住) 渋谷区神宮前6-31-21 原宿スクエア内　(電) 03-6427-9634　(時) 11：00～21：00（店舗により異なる）　(休) 不定休　(交) 千代田線・副都心線明治神宮前(原宿)駅4・7番出口から徒歩約1分

麻布台ヒルズから最新カルチャーを発信

展示風景：オラファー・エリアソン展　撮影：中戸川史明

《相互に繋がりあう瞬間が協和する周期》（部分）2023年　展示風景：麻布台ヒルズ森JPタワー オフィスロビー　撮影：木奥恵三

麻布台ヒルズ ギャラリー

「Modern Urban Village」がコンセプトの麻布台ヒルズにあり、アートやファッション、エンターテインメントなど、さまざまなカルチャーを紹介する。展覧会とのコラボカフェが登場することも。

あざぶだいヒルズ ギャラリー　(住) 港区虎ノ門5-8-1 麻布台ヒルズ ガーデンプラザA MBF　(電) 03-6402-5460　(時)(休)(¥) 展覧会により異なる　(交) 日比谷線神谷町駅5番出口直結

虎ノ門ヒルズに誕生したニューウェーブな情報発信拠点

TOKYO NODE

2023年にオープンした虎ノ門ヒルズ ステーションタワー内にあり、1万㎡の面積にイベントホール、ギャラリー、レストラン、屋上ガーデンなどが集結。企画展も開催。

トウキョウ ノード　(住) 港区虎ノ門2-6-2 虎ノ門ヒルズ ステーションタワー8F、45～49F　(電) 03-6433-8200　(時) 11：00～20：00（施設により異なる）　(休) 不定休　(交) 日比谷線虎ノ門ヒルズ駅直結

奈良美智《東京の森の子》2023年 ブロンズ、ウレタン塗装 762.x 243.0 x 234.com 撮影：森本美絵

ART TOPIC 4

東京の新名所!?

誰でも見られるパブリックアート

ふらっと立ち寄れる屋外アートにもニューフェイスが！

奈良美智の野外彫刻は東京初！

《東京の森の子》@麻布台ヒルズ

麻布台ヒルズの中央広場は緑に包まれた癒しの空間。奈良美智による高さ7m以上の巨大彫刻がひときわ目を引く。広場にはほかにも2点のアートが点在する。

㊟ 港区麻布台1-3-1 麻布台ヒルズ 中央広場 ㊪ 03-6433-8100（麻布台ヒルズ 総合インフォメーション）㊓㊡㊎ 見学自由 ㊋ 日比谷線神谷町駅5番出口直結

通勤途中に!? 駅ナカにある癒しのアートをチェック

《Our New World (Toranomon)》@虎ノ門ヒルズ駅

日比谷線虎ノ門ヒルズ駅の改札内にある大型のステンドグラス作品。清川あさみが原画を手掛けたカラフルなデザイン。

㊟ 日比谷線虎ノ門ヒルズ駅構内
㊪ なし ㊓㊡ 同駅始発～終電
㊋ 日比谷線虎ノ門ヒルズ駅構内

©Jean Jullien / Courtesy of NANZUKA

年に2～3回入れ替わる屋外アートプロジェクト

《NANZUKA PUBLIC》@渋谷アクシュ

NANZUKAによるパブリックアート第一弾。フランス人アーティスト、ジャン・ジュリアンによる“幻想的な海の生物の物語”。

㊟ 渋谷区渋谷2-17-1 渋谷アクシュ AOスポット（青山通り公開空地）㊪ なし ㊓㊡㊎ 見学自由 ㊋ 銀座線渋谷駅ヒカリエ改札から徒歩約1分

ART TOPIC 5

新感覚な食体験ができる アートなレストランに熱視線

食とアートを融合させたグルメスポットでディナーを楽しむ!

1 2

1クリエイティブカンパニーNAKED, INC.がプロデュースする 2日本料理をベースにした創作料理8品とドリンクペアリングで4万6200円

食×アートの体験型レストラン

TREE by NAKED yoyogi park

VR技術やプロジェクションマッピングによって空間を演出。料理にデジタルアートを投影するアートディナーコースでは、ここでしかできないユニークな食体験を楽しめる。

ツリー バイ ネイキッド ヨヨギ パーク (住)渋谷区富ヶ谷1-10-2 (電)050-1743-2539 (時)11：00〜17：00(LO16：00)、19：00〜21：30 ※ディナーコースは事前予約制 (休)水曜 (交)千代田線代々木公園駅2番出口から徒歩約1分

人気ホテルのクリエイティブなダイニング

Gallery 11

ライフスタイル・ブティックホテル、ホテルインディゴ東京渋谷内にあるルーフトップテラス付きのオールデイダイニング。アート作品が飾られた店内はまるでギャラリー。季節のアフタヌーンティーもチェックして。

1

2

1アートと音楽が融合したクリエイティブな空間 2日本の食材を使った地中海料理を提供。ディナーコースは7480円〜

ギャラリーイレブン (住)渋谷区道玄坂2-25-12 ホテルインディゴ東京渋谷 11F (電)03-6712-7475 (時)朝食6:30〜11:00 (10:30LO)、ランチ11:30〜14:30 (14:00LO)、アフタヌーンティー14:30〜17:30 (16:00LO) ディナー18:00〜23:00 (21:30LO) (休)無休 (交)各線渋谷駅から徒歩約6分

①

気になるテーマ別

この美術館に行きたい！

TOKYO
MUSEUM GUIDE
LET'S GO TO SPECIAL MUSEUM

数ある東京の美術館。「どんな作品を見たいか」よりも、
「どんな美術館で過ごしたいか」。そう考えてみてもいいかも。

M0+
MUSEUM CONTEMPORARY TOKYO
OF ART

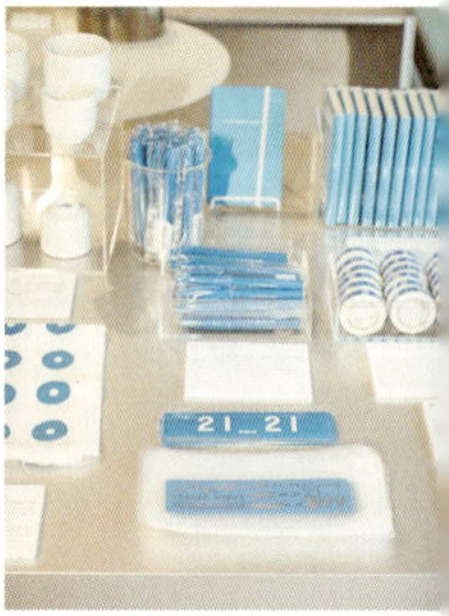
21_21

①

気になるテーマ別

この美術館に行きたい！

TOKYO MUSEUM GUIDE

LET'S GO TO SPECIAL MUSEUM

☆ ☆ ☆

空間が素敵！

建物自体が芸術品のようだったり、
自然いっぱいのお庭があったり。
素敵な空間に浸りながらアートを鑑賞。

no.01 目黒

東京都庭園美術館

緑の庭園に抱かれたかつての朝香宮邸

都内有数の高級住宅地・白金台。この瀟洒《しょうしゃ》な街に凛と佇むのが、東京都庭園美術館だ。

目黒通りに面した正門から足を一歩踏み入れると、そこは静寂に包まれた森の中。木立が並ぶアプローチを進むと、白い外壁のモダンな洋館が見えてくる。昭和8（1933）年に竣工したこの洋館は美術館の本館で、かつては旧宮家のひとつ朝香宮《あさかのみや》家の邸宅だった。

本館の前には1対の狛犬が鎮座し、訪れる人々を迎えてくれる。シンプルな外観とは裏腹

アール・デコの粋が集約されている部屋のひとつ「大客室」。天井のシャンデリアはルネ・ラリックによる作品《ブカレスト》

に、建物の中はガラスのレリーフや、天然石を使ったモザイクの床、香水塔と呼ばれる磁器製の大型オブジェ（噴水器）などの装飾で埋めつくされ、さながら建物全体が美術品のよう。

この建物の魅力はアール・デコ様式を取り入れた室内装飾の美にある。部屋ごとに趣が違う優美な空間に酔いしれよう。

☆☆☆

美しいインテリアを配した美空間に浸る

アール・デコは20世紀初頭にヨーロッパで流行した装飾様式。素材やフォルムの美しさ、機能性を重視したスタイルで、大正14（1925）年に朝香宮夫妻がパリでアール・デコ博覧会を見学したことがきっかけで、自邸の建築に取り入れられた。シャンデリアや家具などの調度品以外にもそこかしこにひそむ美しい装飾に注目してみよう。

2階広間から姫宮寝室へと向かう廊下。踊り場の照明は内匠寮の手によるもの

2

1

4

3

建物中央に位置する第一階段の装飾。すりガラスに花模様のパターンが配されている

5

☆ ☆ ☆

アンリ・ラパンやルネ・ラリック 美しいデザインの競演

「大広間」「大客室」「大食堂」など主要7室の内装を手掛けたのは、フランスの芸術家アンリ・ラパン。ラパンは壁画や陶磁器など幅広いジャンルに精通し、植物や女性をテーマにしたガラス工芸家ルネ・ラリックら、気鋭作家たちの作品を引きたたせる美しい空間をデザインした。建物の基本設計は宮内省内匠《たくみ》寮《りょう》が行っており、日×仏アール・デコの見事な融合を見ることができる。

1 正面玄関にあるルネ・ラリックのガラスレリーフ扉。翼を広げた女性をかたどっている　2 ガラス工芸家マックス・アングラン制作のエッチング・ガラス扉　3「大食堂」にある大理石のマントルピース。ラパンが自ら描いた油彩画があしらわれている　4 玄関ホールのモザイク天然石の床面は宮内省内匠寮のデザイン　5 2階へ通じる第一階段には3種類の大理石が用いられている

1

☆ ☆ ☆

四季の彩りを映す 3つの庭園を散策する

美術館の敷地にはフカフカの芝生で覆われた芝庭や、重要文化財の茶室「光華」が佇む日本庭園、春にワシントン桜が咲きほこる西洋庭園の3つの庭園がある。芝庭と日本庭園は建物の中からも眺められるので、鑑賞の合間に景色を眺めてくつろごう。庭園だけの入場も可能で、お散歩がてら立ち寄ってみるのもよい。

1 本館の南側に面する開放感のある芝庭。芝庭と日本庭園は宮邸時代から引き継がれたエリア　2 本館の南側にあるベランダから芝庭や日本庭園が一望できる　3 本館から新館へと繋がる通路。陽光が差す波板ガラスの壁越しに、庭園の緑を眺めることができる

3　2

空間が素敵！

1

☆☆☆

陽光降り注ぐ
ガラス張りのカフェで
優雅なひと時

新館内のcafé TEIEN（テイエン）は、開放的な空間のなか、ゆったりとリラックスできるカフェ。季節のスイーツや展覧会のテーマに合わせたメニューのほか、日本茶や和スイーツなども味わえる。正門横には落ち着いた雰囲気のフレンチレストラン、comodoも！

3

2

1 庭園を見渡せるガラス張りの空間。晴れた日にはテラス席もおすすめ　2 抹茶とマスカルポーネチーズが大人の味を醸すTEIENティラミス800円　3 サンドイッチ“BENTO”セット1400円

café TEIEN（テイエン）

㊣ 03-6721-9668
㊐ 10:00〜18:00
㊡ 東京都庭園美術館に準ずる

shop

ガラスウォールから光が差し込むミュージアムショップ

新館内にあり、企画展ごとの展覧会グッズや図録、アート関連の書籍などを扱っている。

ミュージアムショップ
リュミエール

㊣ 070-1534-4878
㊐㊡ 東京都庭園美術館に準ずる

4　5

4 正門横のチーズ専門店。5 ダブルチーズサンド882円〜。カフェスペースでワインやコーヒー、フードメニューが味わえる

フェルミエ白金台

㊣ 050-1741-6154
㊐ 10:00〜18:00
㊡ 東京都庭園美術館に準ずる

東京都庭園美術館　とうきょうとていえんびじゅつかん

㊟ 港区白金台5-21-9　㊣ 050-5541-8600（ハローダイヤル）
㊐ 10:00〜18:00（最終入館17:30）　㊡ 月曜（祝日の場合翌平日）
¥ 展覧会により異なる（庭園のみ入場の場合200円）
㊋ JR目黒駅東口から徒歩約7分、都営三田線・南北線白金台駅1番出口から徒歩約6分

no. 02

国立新美術館

六本木

黒川紀章が設計した〝森の中の美術館〟

国立新美術館は、日本で5つ目の国立美術館。建築家・黒川紀章が〝森の中の美術館〟をテーマに設計した。特徴はそのユニークな外観。大きくカーブを描く巨大なガラスカーテンウォールは、青山公園や青山霊園など緑の多い周囲の景色に溶け込んでいる。

宇宙船の入り口のようなエントランスをくぐると、中に広がるのは、天井まで吹き抜けのアトリウム。その巨大な空間に圧倒されるとともに、緑の木々が映える外の景色がガラス越しに見えることで、屋外にいるような、まさに森の中にいるような不思議な感覚が味わえる。

☆☆☆

吹き抜けが生み出す
ダイナミック空間

アトリウムの内部には柱がなく、高さ約21mの天井いっぱいまですべて吹き抜けになっている。ガラスカーテンウォールは中から見るとまた違った迫力があり、壁一面から差し込む光と、目の前に広がるテラスの開放感が心地いい。東側と西側にそびえる巨大な逆円錐は、それぞれレストランとカフェになっている。

ガラスの曲線に覆われたアトリウム。天気のいい日はテラスが開放される

☆ ☆ ☆

くつろいだ時間を過ごせる開かれた美術館

コレクションを持たないこちらの美術館では、1年を通してさまざまな企画展や公募展、講演会などが開かれ、いつも多くの人で賑わっている。館内には自由に座れるイスが置かれ、読書や日向ぼっこなど思い思いに時間を過ごすことができる。昼と夜では雰囲気もガラリと変わるので、一日中いても飽きない。

緑いっぱいの西門側の小道。壁面には佐藤可士和デザインのロゴが

1

3

2

1 1階の床は、中にいても外と繋がっているような視覚的効果を狙って、外のテラスと同じ床材が使われている　2 光が差し込む1階ロビー。さりげなく置かれたイスはデンマークの名作チェア　3 有機的な曲線を描くガラスカーテンウォール

建物の中にいても自然が感じられるようにと設置された3階の竹庭

☆ ☆ ☆

壁一面の柔らかな光
行灯をイメージした「光壁」

館内の照明は壁の中に収納されており「光壁」と呼ばれる。江戸時代の行灯がヒントになっており、落ち着いた光が暗い足元まで明るく照らしてくれる。こうした人や作品のための工夫は、館内の随所で見ることができる。

1

2

1 ガラスカーテンウォールのルーバーには小さな水玉模様が。これらの模様は日光の量や熱を遮る働きをしている　2 空調の吹き出し口は床にあり、館内の温度や湿度を調節する役目を果たす

1

☆ ☆ ☆

ポール・ボキューズの
名を冠したブラッスリー

3階にあるブラッスリー ポール・ボキューズ ミュゼは、フランス・リヨンに本店を置く世界最高峰のレストラン「ポール・ボキューズ」の日本1号店。白身魚のクネル、サーモンマリネなど伝統的なリヨン料理が味わえる。

ブラッスリー ポール・ボキューズ ミュゼ

㊂03-5770-8161
㊆ランチ11:00～14:00LO、ディナー16:00～21:00（19:30LO）　㊡国立新美術館に準ずる

3

2

1 展覧会のテーマや作品をモチーフにした特別コースも登場。写真は2023年ルーヴル展会期中の前菜　2 逆円錐の上部に広がる180席のダイニング。夜は夜景を眺めながら　3 特別なデートにもおすすめ

木苺のムースのケーキセット1540円

☆ ☆ ☆

“空中のロンド”で
優雅にティータイム

サロン・ド・テ ロンドは、2階フロアに繋がる逆円錐の上にある円形のカフェ。「ロンド」はフランス語でそのまま「円形」を意味する。ケーキやマカロン、上質の紅茶やハーブティーがいただけて観賞後のひと休みにぴったり。

サロン・ド・テ ロンド

㊂03-5770-8162
㊆11:00～18:00（17:30LO）
㊡国立新美術館に準ずる

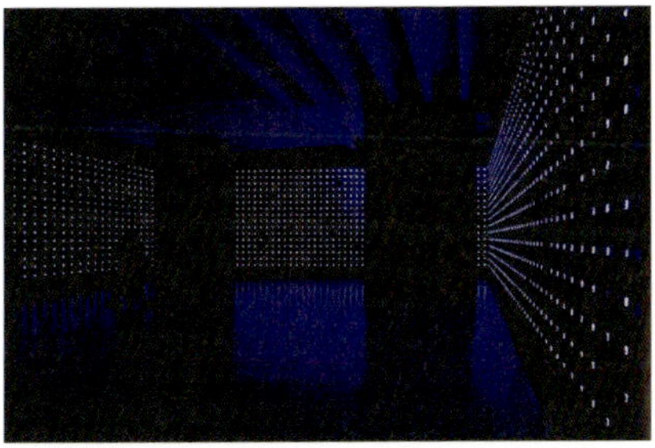

Reference Image: Tatsuo Miyajima, Mega Death, 1999, ©Tatsuo Miyajima, ©Estate of Shigeo ANZAÏ, 1999, Courtesy of ANZAÏ Photo Archive, The National Art Center, Tokyo

exhibition

「日本の現代美術と世界 1989–2010」（仮称）

2025年9月3日～12月8日　¥ 未定

香港の現代美術館 M+との初の共同企画。1989年から約20年を焦点に日本の現代美術に新たな視点を提示する。

shop

東京のアートシーンがここに！
感性を刺激するグッズがずらり

オリジナルグッズや注目の若手デザイナーの作品など、アートの「今」を東京的視点で幅広く取りそろえている。

オリジナルノート
各660円

SOUVENIR FROM TOKYO
（スーベニアフロムトーキョー）

電 03-6812-9933
時 10:00～18:00、金・土曜～20:00
休 国立新美術館に準ずる

国立新美術館　こくりつしんびじゅつかん

住 港区六本木7-22-2　電 050-5541-8600（ハローダイヤル）
時 10:00～18:00、金·土曜～20:00（最終入場は30分前まで）
休 火曜（祝日の場合翌日）
¥ 展覧会により異なる
交 千代田線乃木坂駅6出口直結

☆ ☆ ☆

国内最大級の展示スペース 多様性のある展覧会

地上3階、地下1階の館内には展示室が12室ある。1万4000㎡におよぶ展示スペースは日本最大級で、一度に10を超える展覧会が同時に行われることも。最先端の現代アートから歴史的名画まで、多彩な展覧会が開催される。各展示室は高い天井から吊り下げた可動壁を動かし、作品の大きさや種類に合わせた展示空間を自由自在に作り出すことができる。作品だけでなく、空間作りにも注目して見てみると、アートがもっと楽しくなるかも。

リナ・ボ・バルディ《ガラスの家》1951年
Lina Bo Bardi, Casa de Vidro,1951

exhibition

リビング・モダニティ
住まいの実験1920s-1970s

2025年3月19日～6月30日　¥ 1800円ほか

20世紀に建てられた革新的なモダン・ハウスを衛生、素材、窓、キッチン、調度、メディア、ランドスケープという7つの観点から再考。現在の暮らしを見つめ直す。

美しい庭園の景色と調和した
落ち着いた空間

no. 03

根津美術館

青山

日本庭園を擁する静謐な館

港区南青山にある根津美術館。「鉄道王」根津嘉一郎の邸宅跡で、嘉一郎の時代から残る日本庭園が今も楽しめる。

茶人、美術コレクターとして有名な嘉一郎の蒐集《しゅうしゅう》品を展示するため、昭和16（1941）年に開館。現在の建物は3代目で、建築家・隈研吾によって設計された。竹壁の長いアプローチ、切妻屋根が特徴で、1階ホールでは壁一面のガラス越しに、絵画のような日本庭園が望める。都会のオアシスのような空間で、日頃の喧騒を忘れてみよう。

二重の竹垣の薮から自然光が差し込むアプローチ。この長い廊下を曲がると、美術館の入り口が見えてくる

☆ ☆ ☆

美術館へ導く
美しい竹垣のアプローチ

2009年に竣工した現在の美術館。訪れる人がまず目をみはるのは、正門から入り口まで約40m続く、竹壁の廊下の美しさだ。ここは切妻屋根の軒下にあたる部分で、真っすぐに並べられた約680本のさらし竹が壁一面を覆っている。暗くなると下からライトアップされ、幻想的な雰囲気になる。

穏やかな表情をたたえた仏頭が並ぶ1階ホール。こちらの空間の天井にも竹の建材が使われている

正門にある「月の石船」。かつて広大な根津邸の庭に置かれていた、訪問者のための道しるべだったという

1

☆ ☆ ☆

かつては根津家のサンルーム
緑に包まれたカフェでひと休み

三方をガラスに囲まれたカフェ。和紙を張ったような天井の窓から柔らかな光が注ぐ。かつて根津邸のサンルームがあった場所で、庭園を眺めるには絶好のスポット。ブレンドコーヒーやB.L.T.サンドイッチなどの軽食をいただきながら、庭園の表情を楽しめる。

2
3

1 都心にいるとは思えない静けさの中でティータイム　2 木立や下生えから野鳥や虫の鳴き声が　3 人気のミートパイ950円とコーヒー750円。カキツバタが描かれたカップにも注目

NEZUCAFÉ（ネヅカフェ）

(時) 10:00～16:30（フード15:00LO、ドリンク16:00LO）　(休) 根津美術館に準ずる　※美術館の入館料が必要

☆ ☆ ☆

緑と静寂に包まれた日本庭園
木もれ日の遊歩道を歩く

本館を一歩出ると、自然の傾斜を利用した日本庭園が広がる。庭園の地形はすり鉢状になっており、くねくねと入り組んだ遊歩道とともに、奥行や広さを感じさせる仕掛けになっている。四季の移ろいによって表情が変わり、カキツバタや紅葉の時期は特に人気。「根津美術館八景」と呼ばれる景観スポットがあるので、お気に入りの場所を探してみよう。

国宝「燕子花図屏風」尾形光琳筆 六曲一双 紙本金地着色　日本・江戸時代　18世紀

重要文化財「饕餮文方盉」中国・殷時代 前13～12世紀　青銅

重要文化財「双羊尊」中国　おそらく湖南省　前13～11世紀　青銅

ホールには6世紀の如来立像などの仏像彫刻が並ぶ

☆☆☆

国宝、重要文化財など約7600件におよぶ東洋美術コレクション

根津美術館の所蔵品は、国宝7件、重要文化財92件、重要美術品95件を含む、古美術品約7600点。美術館のキャラクターにもなっている古代中国の青銅器「双羊尊《そうようそん》」や、ホールの仏像をはじめ、圧巻＆多岐にわたるコレクションは、館内6つの展示室で行われる特別展や企画展で見ることができる。次はどんな作品に出合えるか､何度も足を運んでみよう。

右隻、左隻いっぱいにカキツバタの群生を生き生きと描いた国宝「燕子花図屏風」

☆ ☆ ☆

1年に1回公開される 国宝「燕子花図屏風」

根津美術館では、毎年4月中旬〜5月上旬頃、庭園のカキツバタが満開を迎える時期に合わせて、尾形光琳《おがたこうりん》作・国宝「燕子花《かきつばた》図屏風」を展示している。総金地の六曲一双屏風、濃淡の群青と緑青でリズミカルに燕子花の群生を描く琳派最高傑作のひとつ。こちらの名品が見られるのは1年に一度だけなので、ぜひお見逃しなく。

exhibition

財団創立85周年記念　特別展

国宝・燕子花図《かきつばたず》と藤花図、夏秋渓流図 －光琳・応挙・其一をめぐる3章－

2025年4月12日〜5月11日　(¥) 1500円（予定）

根津美術館が誇る国宝と重要文化財の金屏風3件を、それぞれの魅力をさらに高める作品ととりあわせて展示する。

shop

「燕子花図」や「双羊尊」が 素敵なグッズに！

コレクションに描かれたモチーフをあしらったステーショナリーや雑貨など、オリジナルグッズが充実している。

美しい色合いの3冊の和綴本セット1万円。燕子花図柄布張りの箱付き

干支ピンバッヂ 2000円

(時) 根津美術館に準ずる

CHECK グッズはP.165もチェック

根津美術館　ねづびじゅつかん

(住) 港区南青山6-5-1　(電) 03-3400-2536
(時) 10:00〜17:00（最終入館16:30）
(休) 月曜（祝日の場合翌日）、展示替え期間
(¥) 特別展1500円、企画展1300円（オンライン予約制）
(交) 銀座線・半蔵門線・千代田線表参道駅A5出口から徒歩約8分

昔の東京駅のレンガをそのまま生かした2階展示室

no. 04

東京ステーションギャラリー

丸の内

歴史を感じる赤レンガの美術館

レンガ造りのクラシカルな姿をした東京駅丸の内駅舎。2012年にリニューアルし、大正3(1914)年の創建当初の姿に復原された。

東京ステーションギャラリーは、駅舎内にある、ちょっと珍しいエキナカ美術館。丸の内北口改札を出たところに入り口がある。2階の展示室には創建時のレンガ壁が残り、赤いレンガを背景に作品を眺めるのは一興。駅舎内という利便性の高さを生かし、年5回ジャンルに富んだ展覧会を開いている。

八角形の空間に合わせてデザインされた螺旋階段

照明やステンドグラスは旧ギャラリーから移設されたもの

☆☆☆

螺旋階段を下って当時の駅舎へタイムスリップ

3階展示室から2階展示室へ続く螺旋階段は、駅舎の最端にある八角形の塔の中にあり、天井から瀟洒《しょうしゃ》なシャンデリアが下がる素敵な空間になっている。階段を下りていくと、3階の白壁が2階の赤レンガ壁へ一気に変化し、タイムスリップしたような感覚に。丸窓にかかるレトロなステンドグラスにも注目。

☆☆☆

空襲の爪痕を残す焦げた木レンガが目前に

2階の赤レンガ壁にはところどころ黒く焼け焦げた木の部分がある。これは内装にネジやクギを打つための「木レンガ」で、第二次世界大戦の空襲で炭化したもの。創建時のレンガや鉄骨が露わになった壁は、駅舎がたどった100年の歴史を伝えている。展覧会と併せてじっくり鑑賞してみよう。

表面の凸凹はモルタルを塗るための傷で「目あらし」と呼ぶ

「赤レンガ駅舎」として親しまれてきた丸の内駅舎。当時、日本最大級の欧風近代建築だった

☆ ☆ ☆

大正3(1914)年の創建時の姿に復原された丸の内駅舎

建築家・辰野《たつの》金吾《きんご》によって設計された丸の内駅舎は、創建から100年以上の歴史を持つ歴史的建造物。2003年には国指定重要文化財になっている。展覧会鑑賞後は、駅舎をぐるっとまわって全体を見学してみよう。周辺には皇居やおしゃれなショップ、レストランが入った複合施設もあるので、そのまま観光や散策に出るのもおすすめ。

☆ ☆ ☆

回廊から眺められる2つのドーム

ギャラリー2階には北口ドームを取り囲む回廊があり、ここから復原されたドーム天井、コンコースを行き交う人々の足元に描かれたジュラルミン天井の“2つのドーム”を眺めることができる。

北口ドームの天井と、八角形の天井の四隅にあしらわれている干支のレリーフ

北口ドームの床には、戦後から復原までの間、補強の意味で天井にかけられていたジュラルミンドームが描かれてる

shop

駅舎やレンガにちなんだ グッズや小物が見つかる！

2階のミュージアムショップでは、展覧会をテーマにしたグッズや、電車や駅にちなんだ小物、レンガの「目地」をあしらったオリジナルグッズ（JR東日本商品化許諾済）を取り扱っている。

ミュージアムショップ TRAINIART（トレニアート）

㊋㊡ 東京ステーションギャラリーに準ずる
※入店には東京ステーションギャラリーの入場券が必要

クリアファイル東京駅丸の内駅舎
A4ブルー418円、A5ピンク387円

CHECK グッズはP.165もチェック

東京ステーションギャラリー　とうきょうステーションギャラリー

㊟ 千代田区丸の内1-9-1　㊕ 03-3212-2485
㊋ 10:00～17:30、金曜～19:30
㊡ 月曜（祝日の場合翌日）、展示替え期間　※各企画展の詳細は公式サイトを確認
¥ 展覧会により異なる　㊝ JR東京駅丸の内北口改札から徒歩すぐ

1階の展示室に続く廊下。逆三角の石柱が並ぶ近代建築らしい造り

no. 05

世田谷美術館

世田谷

喧騒から離れた隠れ家ミュージアム

美術館の周囲には彫刻作品が点在し、散策もおすすめ

世田谷美術館は、緑豊かな砧《きぬた》公園の一角にある。二子玉川や成城学園などの閑静な住宅街からほど近く、青々とした芝生が広がる公園内は、家族連れやスポーツを楽しむ人で賑わうのどかな雰囲気が魅力だ。

そんな砧公園の自然環境を生かして開館したのが、世田谷美術館。内井昭蔵氏の設計で、1986年に建設された建物は、自然との調和がテーマだという。あたたかな自然光を取り込むガラス張りの回廊や、涼しげな水が泉のようにあふれて流れ落ちる「壁泉」、芝生の広がる小さな広場など、ふと目をやると自然を感じられる、そんな構造になっている。

日本国内から海外までの近現代美術をテーマに沿って展示する収蔵品展示のほか、国内外の美術館との交流から生まれるユニークな企画展が魅力。

☆ ☆ ☆

砧公園の自然と調和した建築にも注目

館内には2つの廊下が。1つは1階展示室へ続く大理石の柱が印象的な空間。ガラス張りになっており、ここから砧公園の自然を眺めることができる。もう1つはレストランの建物へ続く長い廊下。間接的に自然光が降り注ぐコンクリートに閉ざされた通路は、この先に待つ空間への期待感を高めてくれる。廊下を抜けると、芝生の緑が映えるガラス張りの通路。その先は、レストラン「ル・ジャルダン」の入り口となっている。

1

☆ ☆ ☆

近現代美術を中心に約1万8000点を収集

年に5～6回行われる企画展のほか、収蔵品展示も見逃せない。2階の展示室には、「ミュージアム コレクション展」としてテーマに沿った所蔵作品を展示している。アンリ・ルソーをはじめとする19～20世紀前半の素朴派の絵画、バスキアや横尾忠則などの近現代絵画、北大路魯山人の器など、そのラインアップは多彩。いつ訪れても楽しめるのがうれしいところだ。

2

3

1 館内に足を踏み入れると広がる吹き抜けのエントランスホール。コンサートホールも併設されている　2 2階の展示室　3 国内外の近現代作家の画集やカタログを所蔵・公開するアートライブラリー

ケーキセット1350円。ティータイムでも軽食を注文することができる。企画展とのコラボメニューも

☆ ☆ ☆

緑と光に包まれた
クラシカルなレストランを併設

館内にはカフェ利用もできるレストランを併設。砧公園の景色を楽しみながらひと休みできる。ランチやディナーでは見た目も美しいフランス料理を提供する。ギャルソンの丁寧なサービスも心地よく、しばし都会の喧騒から離れた非日常を味わうことができる。

レストラン「ル・ジャルダン」

㊂ 03-3415-6415 ㊅ ランチ11:00～14:00、
ティータイム14:30～18:00（17:00LO）、
ディナー17:00～22:00（20:00LO）
※ディナーは要予約 ㊡ 世田谷美術館に準ずる

shop

美術館オリジナルグッズに注目

ショップでは企画展にちなんだグッズのほか、世田谷美術館のコレクションをモチーフにしたグッズを販売。

魯山人 手ぬぐい（日月椀）1426円

㊅ 世田谷美術館に準ずる

CHECK グッズはP.165もチェック

地下1階にはカジュアルなカフェも。店内席のほかパティオ（中庭）もあり、パラソルの並ぶスタイリッシュな空間でくつろげる

SeTaBi Café（セタビカフェ）

㊂ 03-3416-2250 ㊅ 10:00～18:00（17:30LO）
㊡ 世田谷美術館に準ずる

世田谷美術館 せたがやびじゅつかん

㊟ 世田谷区砧公園1-2 ㊂ 03-3415-6011 ㊅ 10:00～18:00（展覧会最終入場17:30）
㊡ 月曜（祝日の場合翌平日） ¥ 収蔵品展200円（企画展は展覧会により異なる）
㊋ 東急田園都市線用賀駅からバスで約13分、「美術館」下車徒歩約3分
または小田急線成城学園前駅からバスで約10分、「砧町」下車徒歩約10分

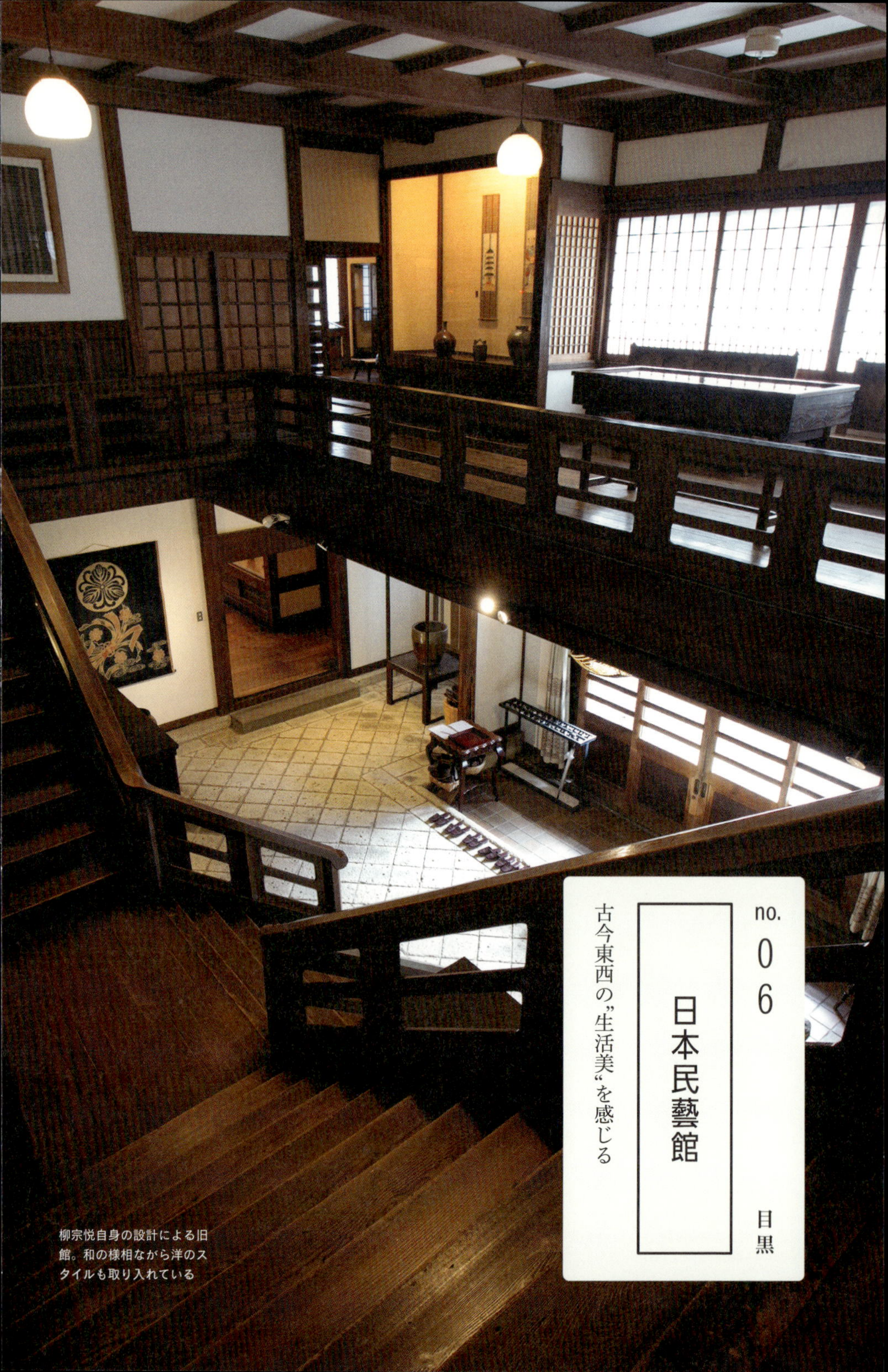

no. 06

日本民藝館

古今東西の“生活美”を感じる

目黒

柳宗悦自身の設計による旧館。和の様相ながら洋のスタイルも取り入れている

3

1

2

☆ ☆ ☆

柳宗悦が見出した “日常の美”

日本民藝館では、柳らが50年以上にわたり集めた約1万7000点の工芸品を所蔵している。ジャンルは多岐にわたり、唐津、伊万里などの古陶磁や東北地方の刺子衣裳といった庶民の日常雑器、民衆工芸品のほか、朝鮮半島や中国の絵画、木工など。年5回の展覧会を通して柳の審美眼にかなった「日常」の美に触れられる。

木造2階建て、黒い瓦屋根と蔵造りを思わせる白壁のコントラストが美しい日本民藝館。レトロなガラスがはめ込まれた引き戸を開くと、吹き抜けの天井と大階段が迎えてくれる。

〝日常の中で何気なく使う日用品に「美」はある〟という考えのもと、大正15（1926）年から始まった「民藝運動」。名もなき職人が作った陶磁器や着物、漆器などの生活道具や工芸品の中にも美を見出した運動で、柳宗悦《やなぎむねよし》や陶芸家らを中心に始められた。

日本民藝館は、柳らが集めた工芸品を一般公開したいという思いから造られた。昭和11（1936）年に建造された旧館、昭和58（1983）年に完成した新館、旧館と新館の目の前にある柳の旧邸（西館）からなり、本館でテーマごとに企画展が行われている。

1 柔らかな光を採り入れる絞り染めのカーテン　2 入り口の引き戸にはめられたガラスの光が、大谷石の石畳に落ちる　3 柳は庶民が着る手織の着物や、仕事着にこそ美しさが宿っていると提唱した

1階の外壁は大谷石、2階は白壁で造られている。旧館と通りに面した石塀、西館は、2021年に東京都指定有形文化財に指定

味のある雰囲気の受付。何気なく置かれた花器や表具なども展示に合わせて飾られている

☆ ☆ ☆

そこかしこに感じられる手仕事への愛情

旧館の中を歩くと、柳の設計に対する想いを随所に見ることができる。例えば大階段の手すり。窓枠や障子、イスなどの調度品もそうだが、すべて角の部分が丁寧に面取りされ、直線が無機的な印象を与えないよう工夫されている。展示棚も柳自身がデザインし、館全体がどこか優しい、落ち着いた雰囲気に包まれている。こうした工夫のひとつひとつに、柳の手仕事に対する情熱を感じることができる。

階段の手すりも展示棚も、すべて角の部分が削られ、丸みを帯びている。手でどこを触ってみても引っかかりがなく、するするとした手触りで気持ちがいい

1

☆ ☆ ☆

キャプションは最低限
直観で作品と向き合う

展覧会では、年代や場所などに分けて作品が展示されることはあまりない。常に作品が一番美しく見えるよう、空間との調和を考えて並べられており、順路も自由だ。また、キャプションも最低限に抑えられている。余計な先入観や予備知識を入れないことで、日常の中で変わらず活き続けてきたその作品の強さや普遍的な美しさを見つけることができるからだ。

ミュージアムショップでは全国の民芸品や雑誌『民藝』などの出版物を購入できる

3　2

1 企画展以外にも、館内では部屋ごとに食器や織物などテーマを設けて展示品を入れ替えている　2 柳が自宅（現・西館）で使用していたとされる柱時計　3 塗りむらのある普段使いの漆器にも美が宿っている

日本民藝館　にほんみんげいかん

(住) 目黒区駒場4-3-33　(電) 03-3467-4527
(時) 10:00～17:00（最終入館16:30）
(休) 月曜（祝日の場合翌日）、展示替え期間
(¥) 1200円（2025年4月1日改定予定）
(交) 京王井の頭線駒場東大前駅西口から徒歩約7分

柳宗悦の邸宅だった西館（旧柳宗悦邸）

本館から道路を隔てた向かいにある西館は、期間限定で見学できる。栃木から移築された石屋根の長屋門が珍しい。

［公開］展覧会開催中の第2水・土曜、第3水・土曜
(時) 10:00～16:30（最終入館16:00）

MUSEUM COLUMN 1

昭和レトロなアートスポット

昭和期のレトロな空間でアートを感じられる、ミュージアム＆ギャラリーに注目！ アート×デザイン×アーキテクトを楽しめる話題のスポットへ。

マンガ家たちが暮らした「トキワ荘」を忠実に再現！

© トキワ荘マンガミュージアム

豊島区立 トキワ荘マンガミュージアム

「トキワ荘」は手塚治虫や藤子・F・不二雄など、昭和を代表するマンガ家たちが暮らした木造アパート。その建物を忠実に再現し、当時のマンガ家の暮らしを体験することができる。

としまくりつ トキワそうマンガミュージアム ㊟豊島区南長崎3-9-22 ㊫03-6912-7706 ㊕10:00～18:00（最終入館17:30） ㊡月曜（祝日の場合翌平日）、展示替え期間 ㊯特別企画展期間中は全館有料 ㊚都営大江戸線落合南長崎駅A2出口から徒歩5分

2 

1 

1洗面や洗濯の際にも使われていたという共同炊事場 2作家たちの部屋もリアルに再現。本棚の本や映画のフィルム缶など細部まで見応えあり

ギャラリーやアンティークショップが約30軒！

レトロビル 奥野ビル

1 

2 

昭和初期に集合住宅として建設された。約3.5坪程度の各居室はギャラリーやショップとして使われている。手動でドアを開閉するエレベーターなど、当時の面影を残す。

1GALLERY CAMELLIA／藍画廊では月ごとに交代で企画展を開催 2Y's ARTSでは西洋アンティークとつつみよしひこ氏の作品を展示販売

おくのビル ㊟中央区銀座1-9-8 ㊫店舗により異なる ㊕㊡店舗により異なる ㊚有楽町線銀座一丁目駅10番出口から徒歩約1分

カフェとアートを楽しめる小さな複合空間

複合施設 HAGISO

1 

2 

学生の下宿として使われていた、築60年以上の木造アパートをリノベーション。1階のカフェとギャラリーは壁なしで隣り合い、アートを感じながら食事やお茶ができる。

1ギャラリーでは若手アーティストの個展やHAGISOキュレーションによる展示を毎月開催 22階はホテルのフロントや週替わりのリラクゼーションサロンが

ハギソウ ㊟台東区谷中3-10-25 ㊫03-5832-9808 ㊕8:00～10:30、12:00～17:00（金・土曜、祝日は～20:00） ㊡不定休 ㊚千代田線千駄木駅2番出口から徒歩約5分

①

気になるテーマ別
この美術館に行きたい！

TOKYO MUSEUM GUIDE
LET'S GO TO SPECIAL MUSEUM

☆ ☆ ☆

仕事帰りに。

一日の終わりに、アートに触れて心をリセット。
夜遅い時間まで営業している、または
夜間開館の曜日がある、夜も楽しい美術館へ。

no. 07

丸の内

アーティゾン美術館

文化の新たな地平を創造する場に

最終入館

金曜

19:30

泡をイメージしたオブジェ《FOAM》と、高さ16.5mの円柱が立つ3階メインロビー

2 1

京橋で60年以上親しまれたブリヂストン美術館が２０２０年に生まれ変わった。館名の「ARTIZON（アーティゾン）」は、「ART」と「HORIZON（地平）」を掛け合わせた造語。〝時代を切り拓くアートの地平を感じてもらいたい〟という思いが込められた。

館内は、高い石柱や大きな窓ガラスが圧巻。一見都会的でクールな空間だが、不思議なほど温かみが感じられる。自然素材を多用し、間接照明を採用するなど、隅々まで工夫が凝らされていると知って納得。ミュージアムカフェでは会社員らしき人々が談笑。立ち寄りやすい雰囲気を象徴する光景だった。

1 美術館入口は銀座中央通り側に面している　2 エントランスの大階段　3 インフォメーションルームでは所蔵作品や過去の展示会情報などが閲覧できる　4 京橋の夕暮れに舞い降りたよう。クリスチャン・ダニエル・ラウホ《勝利の女神》

4 3

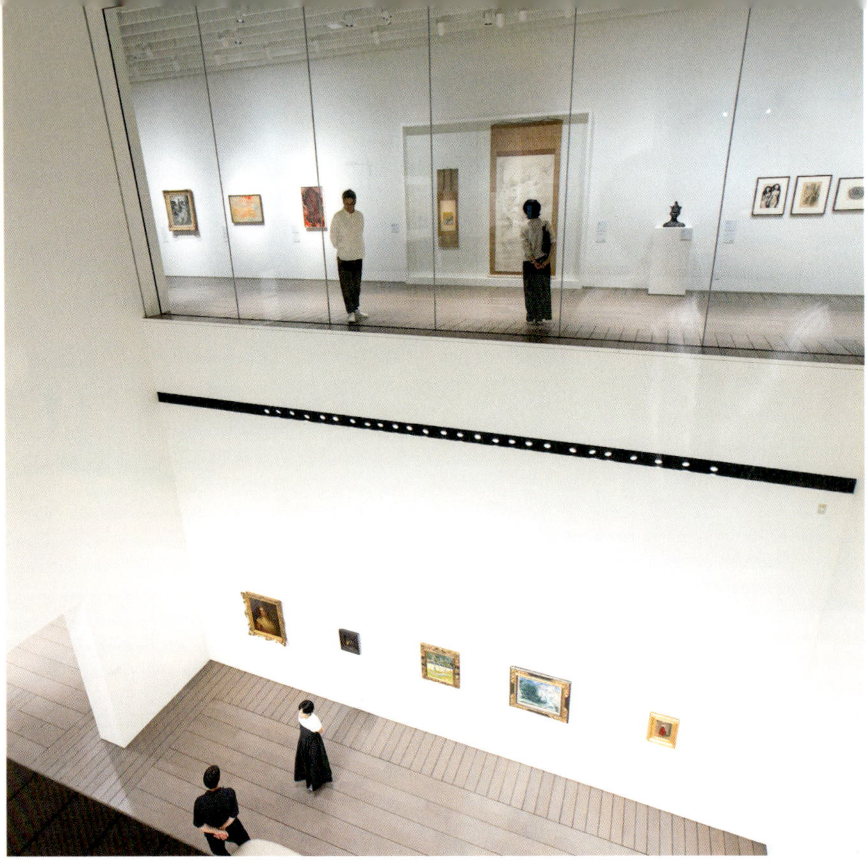

1

☆ ☆ ☆

印象派から現代アートまで
創造性を刺激する展示

コレクションは旧美術館から受け継いだ日本近代洋画、印象派、20世紀美術に加え、古代美術や現代美術にも幅を広げ、約3000点。展示室面積を約2倍に拡張し、天井高4.2mと大型作品も展示可能だ。5階展示室の吹き抜けからは階下の展示室が見える、ユニークな造りになっている。

✓ exhibition

ゾフィー・トイバー＝アルプとジャン・アルプ

2025年3月1日〜6月1日 ¥ 2000円

20世紀前半を代表するアーティスト・カップルの創作活動を紹介し、それぞれの制作に及ぼした影響やデュオでの協働制作の試みに目を向ける。

3

2

1 吹き抜けからの景色　2 黒漆喰の壁に継ぎ目のない一枚ガラスを施した4階展示ケース　3 アーティゾン美術館「STEPS AHEAD: Recent Acquisitions 新収蔵作品展示」展示風景（2021年）

☆ ☆ ☆

ガラスアートを眺めながらの贅沢ディナー

アーティゾン美術館ではクリエイティブディレクターが館全体のデザインやグッズの監修まで一貫して手掛ける。ミュージアムカフェには著名デザイナーによるガラスや陶器の作品を展示。ゆったりとした空間で、美しいコース料理や展覧会コラボメニューを堪能しよう。

1

3　2

1 蝦夷鹿のカツレツ マデラコニャックソース（中央）などが選べるプリフィクスコース2500円～　2 ピスタチオのミルフィーユ1800円　3 イタリアの巨匠エットレ・ソットサスの作品などを展示

㊟ 050-5541-8600（ハローダイヤル）
㊐ 11:00～18:00（展覧会開催期間の祝日をのぞく金曜～21:00）
㊡ 月曜（祝日の場合は営業、翌平日休）、年末年始

shop

美術作品モチーフの心をくすぐるアイテム

㊐㊡ アーティゾン美術館に準ずる

CHECK グッズはP.165もチェック

ミュージアムショップでは作品をテーマにしたオリジナルアイテムを中心に販売。文具やファッション雑貨など、つい欲しくなってしまう商品がずらりと並ぶ。

オリジナルぬいぐるみ 1650円

ブックマーク 各1980円

アーティゾン美術館　アーティゾンびじゅつかん

㊟ 中央区京橋1-7-2　㊟ 050-5541-8600（ハローダイヤル）
㊐ 10:00～18:00（祝日をのぞく金曜～20:00）、最終入館は30分前
㊡ 月曜（祝日の場合は翌平日）、展示替え期間　¥ 展覧会により異なる
㊋ JR東京駅八重洲中央口、銀座線京橋駅6・7番出口から徒歩約5分

no.08

三菱一号館美術館

丸の内

オフィス街に佇む夜も素敵な洋館

最終入館

金曜・第2水曜ほか

19:30

周辺のオフィスビルとの対比が美しい三菱一号館美術館。周辺はレストランも多く夜遅くまで賑わう

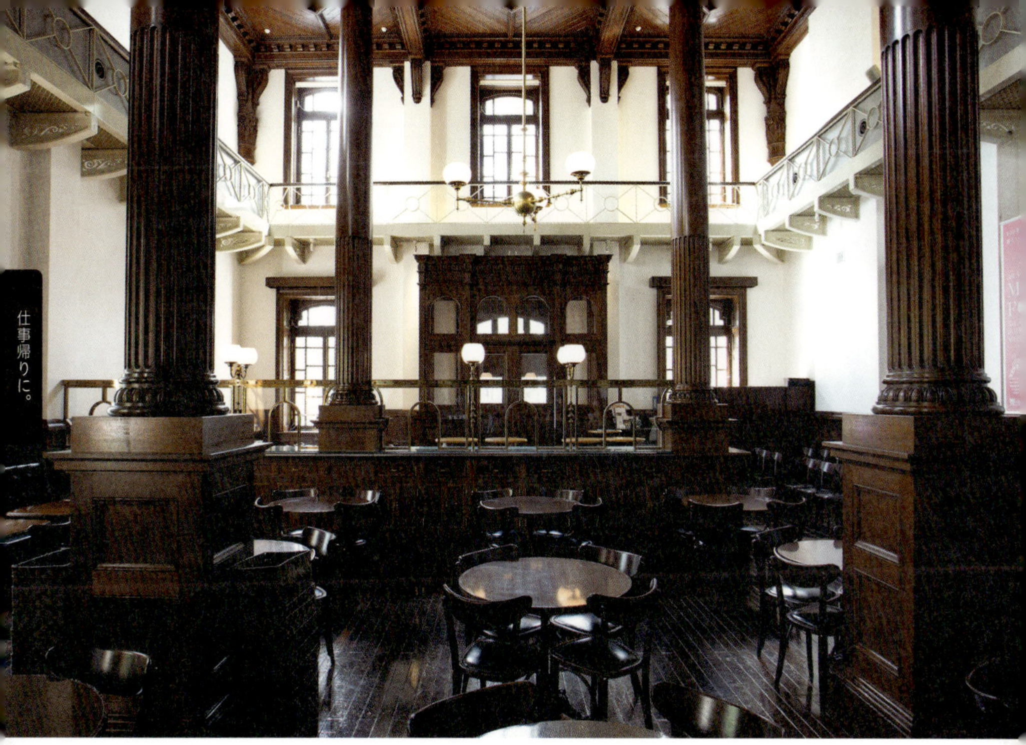

かつて銀行営業室だったスペースを利用したCafé 1894では、ディナーも楽しめる

東京駅、有楽町駅など東京の主要駅が集中する丸の内は、仕事を終えた人々がオフィスビルから出てくる夕方から、昼間とは異なる賑わいを見せる。

三菱一号館美術館は丸の内仲通りに面するブリックスクエア内にある。その最大の特徴は、明治27（１８９４）年に建設されたオフィスビルを可能な限り忠実に復元したという建物の美しさにある。建築家ジョサイア・コンドルが設計したかつての「三菱一号館」は、銀行を併設した事務所建築。日本の近代化を象徴した名建築は、２００９年に復元され、翌年美術館として生まれ変わった。

美しい建築のディテールを堪能できる昼間もいいが、夕闇に浮かび上がる姿もまた一興。金曜日や第2水曜日などは開館時間を延長するので、ぜひ夜の雰囲気も味わってほしい。

当時の装飾を忠実に再現したというクラシカルなインテリアが素敵。ドラマや雑誌のロケにもよく使用されている

☆ ☆ ☆

アートで心を豊かにする仕事終わりのひと時

金曜日と展覧会会期中の最終週平日は20時まで開館している。また、毎月第2水曜日も20時まで開館し、17時以降の入館料が割引になるマジックアワーチケットなどのサービスも。

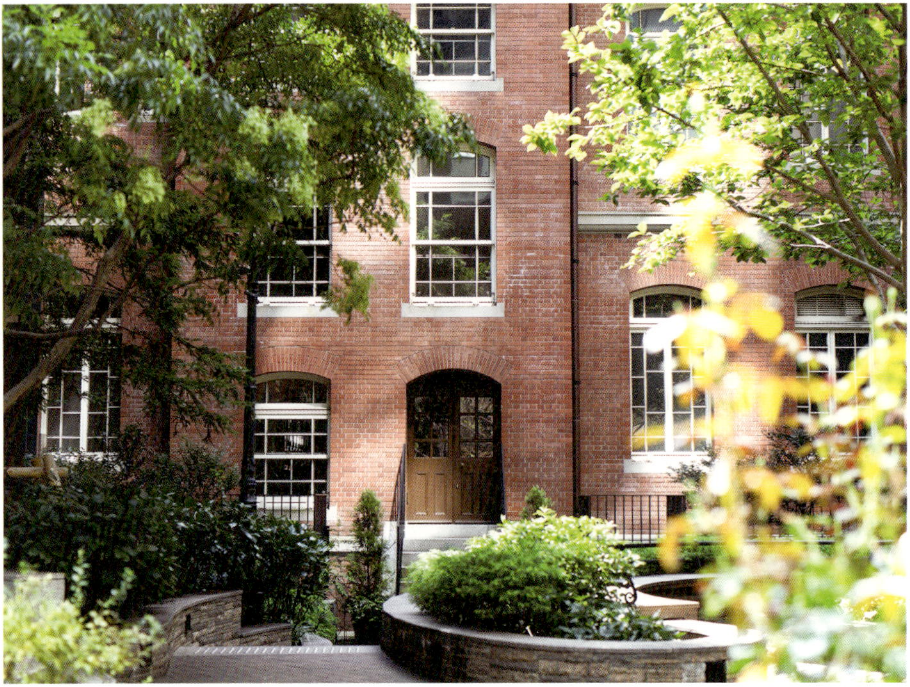

建物には230万個ものレンガを使用。夕方からは優しいガス灯の明かりでライトアップされる

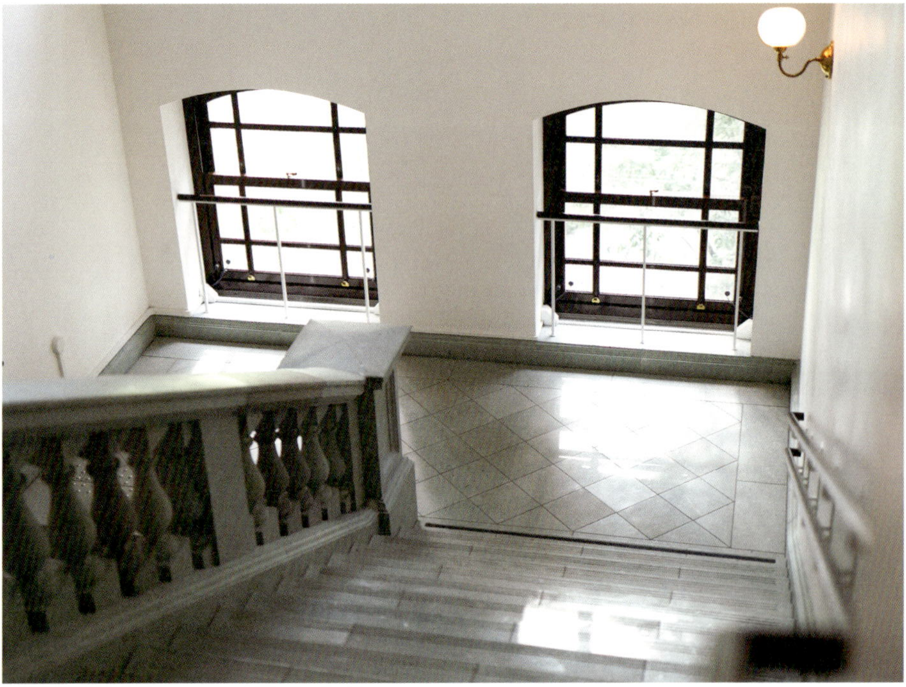

美術館南口から展示室へ続く中央階段。旧三菱一号館では伊豆の青石が使用されていたという

☆☆☆

明治27（1894）年に竣工した丸の内初のオフィスビルを復元

三菱一号館美術館は、19世紀末にこの場所に建設されたかつてのオフィスビルを復元したもの。保存されていた部材を一部建物に利用したり、製造方法や建築技術まで忠実に再現するなど、詳細な調査に基づいた実験的な取り組みにより復活した。照明やドアノブのデザインなど、細部にまで意匠を凝らした見事な装飾は一見の価値あり。

1

2

3

4

5

昭和20年代の工場製法による旧・新丸ビルのガラスを再利用。ガラスのゆがみを通した美しい光が降り注ぐ

1 重厚な石造りの中央階段。手すりの色のくすんだ部分はオリジナルの部材を再利用　2 館内の照明も当時使用されていたものを再現　3 ドアノブはクラシックなデザイン　4 建物正面の扉の上には、明かり取りが　5 組み立て式の鉄骨階段。建設当初の図面や解体時の写真をもとに再現されている

☆ ☆ ☆

年3回の展覧会に加えて、小企画展も必見！

美術館のコレクションは、建物と同年代の19世紀末西洋美術が中心で、ロートレックやルドンなどの作品を収蔵。19世紀後半から20世紀前半の近代美術をテーマとした展覧会を年3回開催している。また2024年11月に新設した小展示室では、学芸員の学術的な興味・関心に基づき、収蔵作品や寄託作品を中心とした小企画展を開催。こちらも年3回開催予定だ。

A オーブリー・ビアズリー《クライマックス》1893年（原画）、1907年（印刷）ヴィクトリア・アンド・アルバート博物館 Photo:Victoria and Albert Museum, London

exhibition -A

異端の奇才——ビアズリー

2025年2月15日～5月11日
¥ 2300円

25歳で世を去った異才の画家。挿絵や希少な直筆の素描、彩色されたポスターなど、約220点を展覧する。

exhibition -B

オランジュリー美術館 オルセー美術館 コレクションより ルノワール×セザンヌ —モダンを拓いた2人の巨匠

2025年5月29日～9月7日 ¥ 未定

パリのオランジュリー美術館が、二人の巨匠に初めて同時にフォーカスし、企画・監修をした世界巡回展。

B ピエール＝オーギュスト・ルノワール《風景の中の裸婦》1883年、油彩 / カンヴァス、オランジュリー美術館 © GrandPalaisRmn (musée de l'Orangerie) / Franck Raux / distributed by AMF

1

☆ ☆ ☆

旧銀行営業室を復元したミュージアムカフェはランチもディナーもOK

Café 1894は、吹き抜けの天井や銀行窓口が再現された店内のレイアウト、重厚な柱頭装飾などが非日常を演出するクラシックな空間。メニューはフレンチなどの西洋料理で、企画展とのタイアップメニューは要チェック!

Café 1894　㊫03-3212-7156　㊐11:00～23:00(LO22:00)　㊡不定休

2

1 ランチ、カフェ、ディナーと時間帯を選ばず利用できるCafé 1894
2 カフェタイムの人気メニューは自家製クラシックアップルパイ1300円。プラス400円でセットドリンク(コーヒーまたは紅茶)も

三菱一号館美術館

みつびしいちごうかんびじゅつかん

㊟千代田区丸の内2-6-2
㊫050-5541-8600(ハローダイヤル)
㊐10:00～18:00、祝日・振替休日除く金曜、第2水曜、展覧会会期中の最終週平日10:00～20:00(最終入館は30分前まで)　㊡月曜(祝日・振替休日・展覧会会期中　最終週の場合開館)、展示替え期間
(¥)展覧会により異なる
(交)千代田線二重橋前駅〈丸の内〉1番出口から徒歩約3分、JR東京駅丸の内南口から徒歩約5分

shop

物語を感じさせるおしゃれグッズも!

展覧会グッズやオリジナルグッズなど、オーセンティックな商品が並ぶ。

ロートレックの作品パッケージのマロングラッセ1200円

Store 1894　㊐三菱一号館美術館に準ずる

no. 09

森美術館

六本木

22時まで楽しめる都心のアートスポット

最終入館

平日

21:30

（火曜は16:30）

森美術館への入り口、センターアトリウム。チケットは森タワー3階の総合チケットカウンターで購入する

内観（センターアトリウム）　画像提供：森美術館

☆☆☆

アート鑑賞後でも楽しめる展望台やレストランへ

森美術館の1フロア下の52階には、レストランやカフェが。どちらも夜景を眺めながら食事やお酒を楽しめる空間になっている。また、同フロアには展望台の「東京シティビュー」があり、東京の摩天楼を一望することができる。眺望とコラボした展覧会やイベントも随時開催。

森タワー52階、海抜250ｍに位置する東京シティビュー。天高11ｍの全面ガラス張りの開放感あふれる展望台だ

六本木ヒルズ展望台 東京シティビュー

㊟ 六本木ヒルズ 森タワー52F　㊉ 03-6406-6652　㊋ 10:00～22:00（最終入館21:30）　㊡ 不定休　￥ 1800円～

六本木ヒルズの森タワー最上層である、53階に位置する森美術館は、2003年にオープンした国際的な現代アートの美術館として知られる。

エレベーターで52階にアクセスし、美術館の入り口となるセンターアトリウムに足を踏み入れると、そこには10メートルの吹き抜けの空間が広がり、これから始まる現代アートの世界への期待感を高めてくれる。

森美術館では、設立当初からの理念である「国際性」と「現代性」という2つの観点から、独自の視点で企画した展覧会を開催。日本やアジアを中心とした世界中のアーティストの作品に触れることができる。

展覧会の会期中は火曜を除き22時まで開館しており、平日に仕事を終えたオフィスワーカーがゆっくりと美術鑑賞を楽しめるようになっているのも魅力だ。

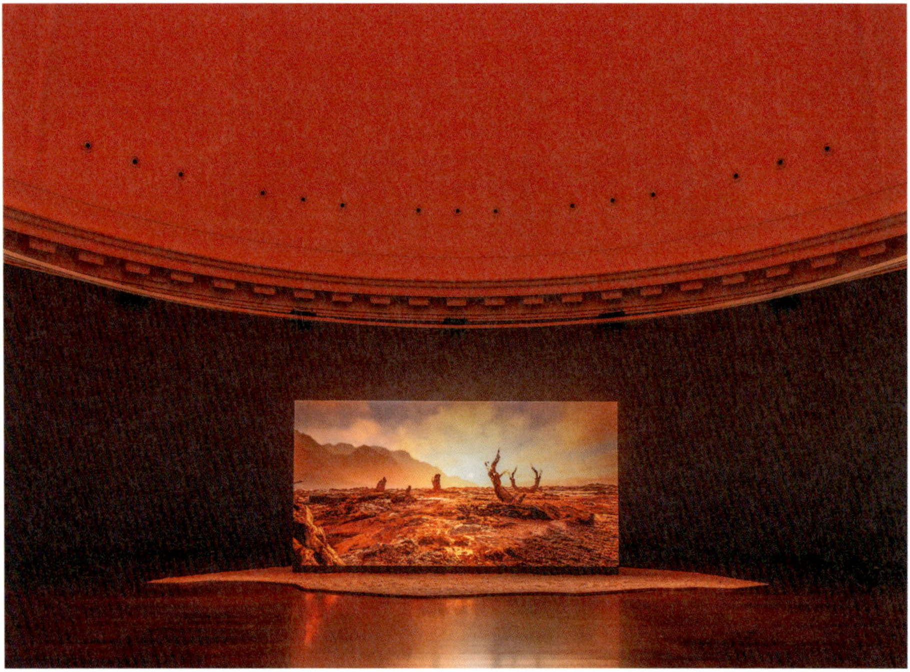

A ヤコブ・クスク・ステンセン《エフェメラル・レイク（一時湖）》2024年
Live simulation, generative spatial sound, and glass sculptures
Commission: Hamburger Kunsthalle, Hamburg, Germany
Installation view: The Ephemeral Lake, Hamburger Kunsthalle, 2024
Photo: Christoph Irrgang

B 藤本壮介《ラルブル・ブラン（白い樹）》2019年 フランス、モンペリエ 撮影：イワン・バーン

C　展示風景：「六本木クロッシング2022展：往来オーライ！」森美術館（東京）2022-2023年 撮影：木奥惠三 ※参考図版

exhibition -C

六本木クロッシング2025展

2025年12月3日～2026年4月5日　¥ 未定

森美術館が3年に一度、開催している定点観測的な展覧会。8回目の今回はアジアを拠点にグローバルに活躍するキュレーターたちと協働し、国際的な視点から日本のアートを捉える。

exhibition -A

マシン・ラブ：
ビデオゲーム、AIと現代アート

2025年2月13日～6月8日　¥ 2000円

ゲームエンジン、AI、仮想現実（VR）、生成AIなどのテクノロジーを採用した現代アートを紹介。人類とテクノロジーの関係と未来を考える。

exhibition -B

藤本壮介展

2025年7月2日～11月9日　¥ 未定

東京・パリ・深圳に事務所を構え、個人住宅から大学、商業施設、ホテル、複合施設まで、世界各地でプロジェクトを展開する藤本。今最も注目される日本人建築家の大規模回顧展。

☆ ☆ ☆

アートシーンの“今”が分かる エッジの効いたエキシビション

森美術館は、世界の先鋭的なアートや建築、デザインなどの多岐にわたる作品を独自のテーマで発信しており、いつ訪れても楽しめるようになっている。メインの企画展と並行し、世界各地の気鋭のアーティストを紹介する小規模な展覧会シリーズ、「MAMプロジェクト」などのプログラムにも注目！

THE SUN & THE MOON (Restaurant)

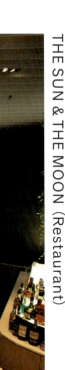

1

2

THE SUN & THE MOON (Cafe)

洋食をメインにパスタやサンドイッチなどを提供。企画展とのコラボメニューも楽しみ。入店には52～53階の入館券が必要

㊟ 六本木ヒルズ 森タワー52F　㊫ 03-3470-5235
㊡ 11:00～22:00（フードは21:00 LO、ドリンクは21:30LO）　㊡ 不定休

☆ ☆ ☆

オールデイに楽しめるカフェ＆レストラン

森美術館のある森タワーの52階には、レストラン＆カフェがあるので要チェック。人気のアフタヌーンティーやフレンチをメインに季節ごとに変わるディナーコースを提供するレストラン、美術鑑賞後に気軽に立ち寄れるカフェがあり、どの店も眺望が魅力だ。

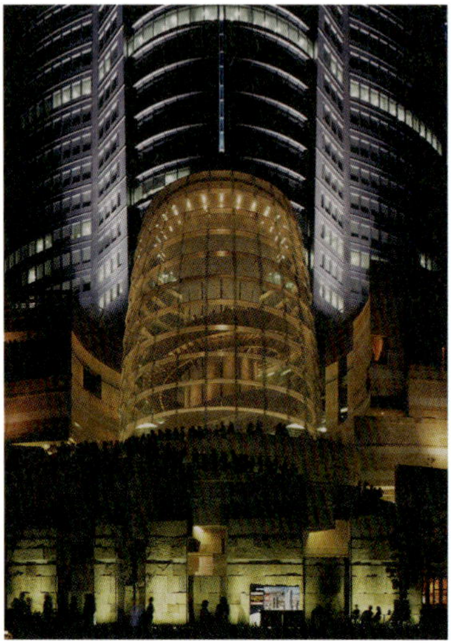

ライトアップが美しい夜のミュージアムコーン

外観（ミュージアムコーン）
画像提供：森美術館

shop

企画展とのコラボ商品やオリジナルグッズをゲット

店内の壁一面に設置されたブックシェルフには、世界のアートに関する本がずらり。オリジナルマグカップは1650円。

画像提供：森美術館

森美術館 ショップ 53

㊟ 六本木ヒルズ 森タワー53F
森美術館内　㊫ 03-6406-6118
㊡㊡ 森美術館に準ずる

4

3

1 店内のインテリアは「天空の森」をテーマに、心安らぐ空間に。入店の際は、森タワー3階のレストラン専用受付カウンターへ　2.3 昼はアフタヌーンティーやランチ、夜はフレンチのコースが楽しめる　4 MOON Light High Teaはディナーコースの要素を取り入れハレの日にぴったり。メイン・デザート付きで1万2000円（サービス料、ビューチャージ別）

㊟ 六本木ヒルズ 森タワー52F　㊞ 03-3470-0052　㊋ 11:00～17:00（15:00LO）、18:00～22:00（フード20:00LO、ドリンク21:00LO。金・土曜は～23:00、フード21:00、ドリンク22:00LO）　㊡ 不定休

森美術館　もりびじゅつかん

㊟ 港区六本木6-10-1 六本木ヒルズ 森タワー53 F　㊞ 050-5541-8600（ハローダイヤル）
㊋ 10:00～22:00（最終入館21:30）、火曜は～17:00（最終入館16:30）
㊡ 会期中無休　㊄ 企画展により異なる
㊇ 日比谷線六本木駅1C出口から徒歩約3分、大江戸線六本木駅3番出口から徒歩約6分

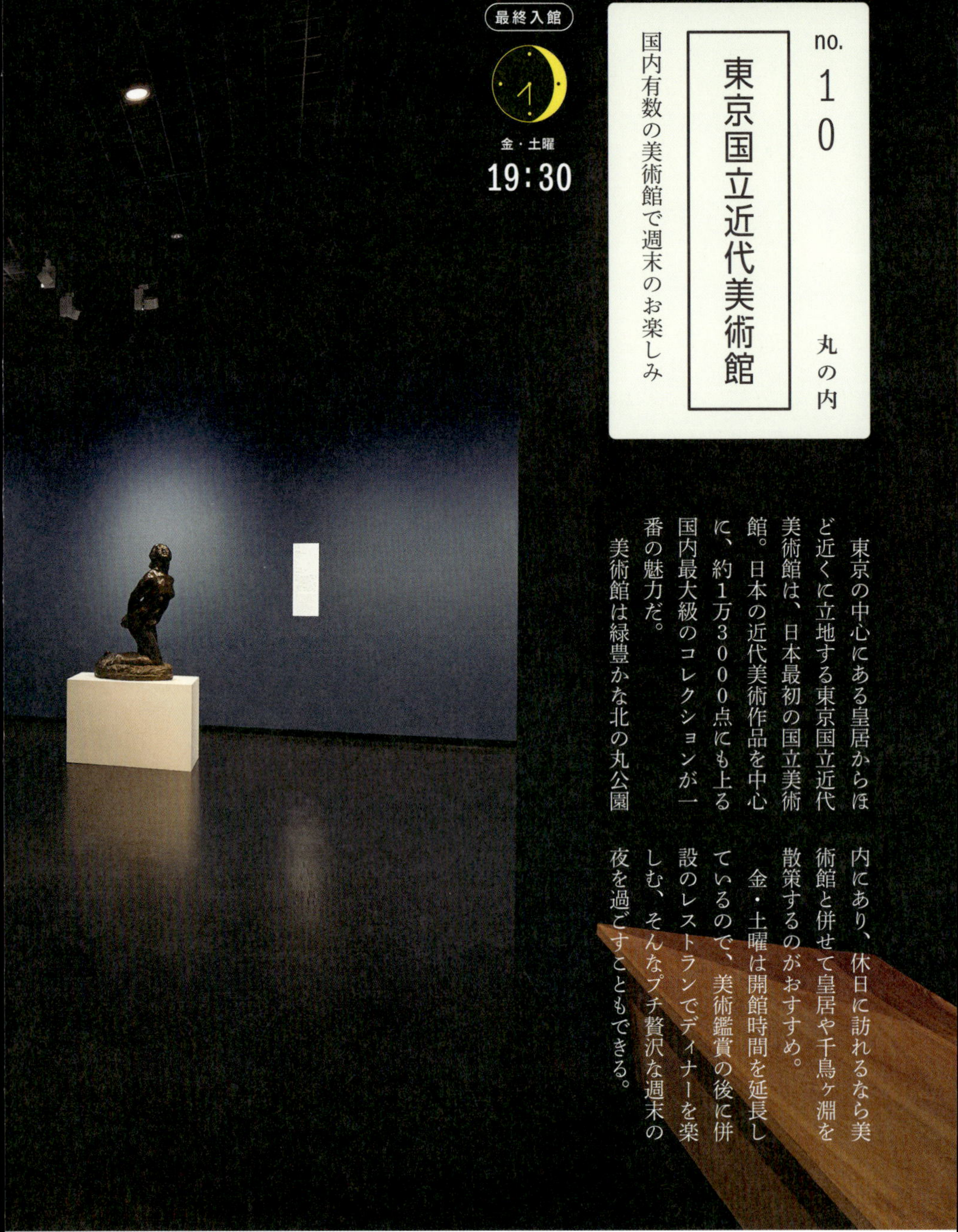

最終入館
金・土曜
19:30

no. 10

東京国立近代美術館

丸の内

国内有数の美術館で週末のお楽しみ

東京の中心にある皇居からほど近くに立地する東京国立近代美術館は、日本最初の国立美術館。日本の近代美術作品を中心に、約１万３０００点にも上る国内最大級のコレクションが一番の魅力だ。

美術館は緑豊かな北の丸公園内にあり、休日に訪れるなら美術館と併せて皇居や千鳥ヶ淵を散策するのがおすすめ。

金・土曜は開館時間を延長しているので、美術鑑賞の後に併設のレストランでディナーを楽しむ、そんなプチ贅沢な週末の夜を過ごすこともできる。

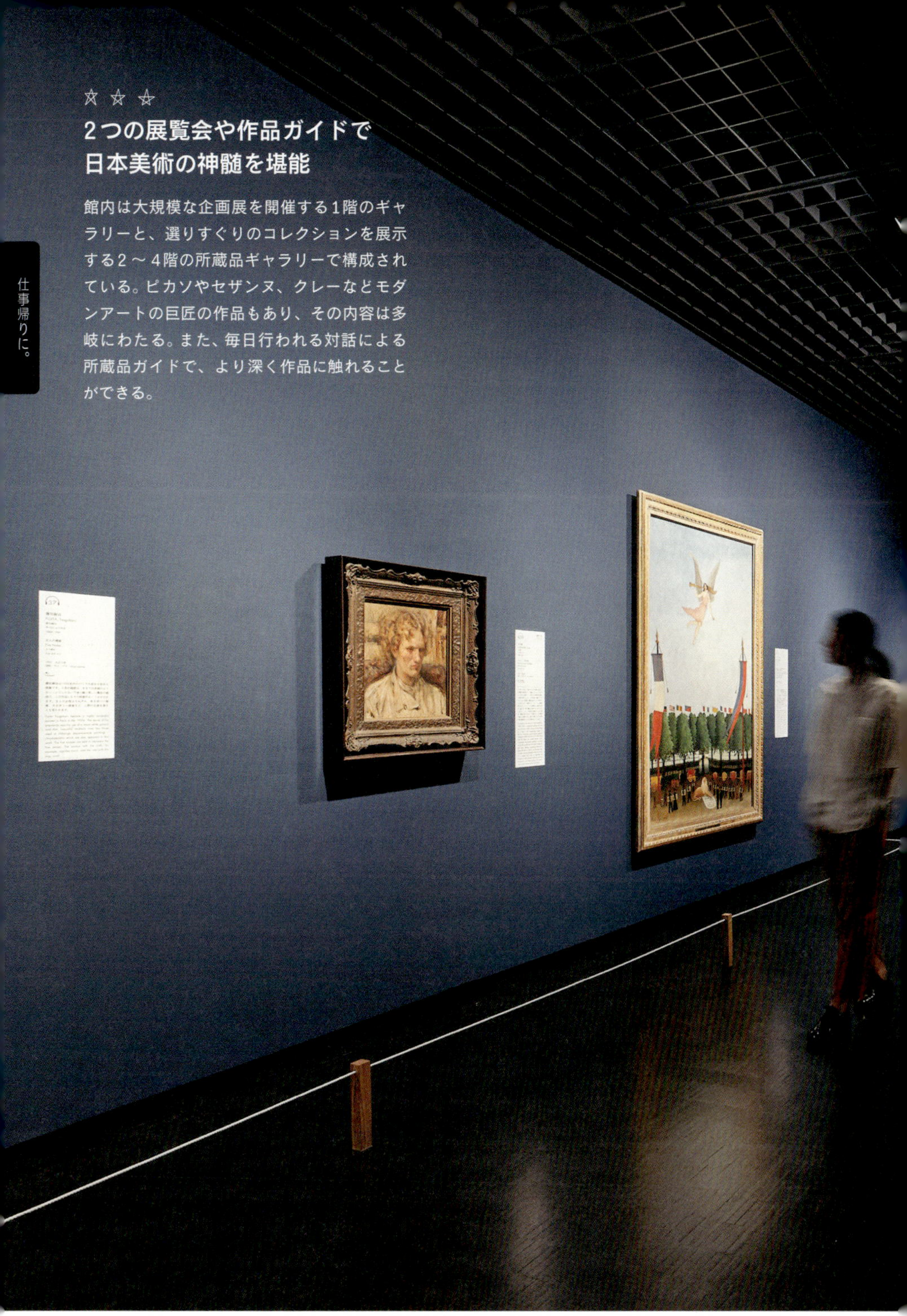

☆ ☆ ☆

2つの展覧会や作品ガイドで日本美術の神髄を堪能

館内は大規模な企画展を開催する1階のギャラリーと、選りすぐりのコレクションを展示する2～4階の所蔵品ギャラリーで構成されている。ピカソやセザンヌ、クレーなどモダンアートの巨匠の作品もあり、その内容は多岐にわたる。また、毎日行われる対話による所蔵品ガイドで、より深く作品に触れることができる。

2～4階の所蔵品ギャラリーは一部をのぞいて写真撮影OK。お気に入りの作品をカメラに収めよう

萬鉄五郎《裸体美人》
1912年 油彩・キャンバス 162.0×97.0cm
重要文化財 東京国立近代美術館蔵

パウル・クレー
《花ひらく木をめぐる抽象》
1925年 油彩・厚紙 39.3×39.1cm
東京国立近代美術館蔵

☆ ☆ ☆

日本近代美術をはじめ 約1万3000点の コレクションは国内最大級

横山大観や上村松園、岸田劉生らの重要文化財を含む約1万3000点を超える作品を所蔵する東京国立近代美術館。そのコレクションを余すことなく楽しめるのが、会期ごとに選りすぐりの約200点を展示する所蔵作品展「MOMATコレクション」。100年を超える日本美術の歴史を知ることができる国内随一の展覧会は見逃せない！

1

2

☆ ☆ ☆

休憩室やライブラリーなど アート鑑賞以外のお楽しみも

建物最上階の4階には、展望休憩室の「眺めのよい部屋」が。手前に皇居、その向こうには丸の内のビル群など、東京のパノラマビューを楽しむことができる。2階のアートライブラリでは、国内外の画集や写真集、美術参考書、美術雑誌などを閲覧できるので、気になるアーティストについて調べてみるのもいい。

1 展示スペースは各フロア合わせて約4500㎡と広大。「眺めのよい部屋」で休憩しよう　2 アートライブラリには展覧会カタログもあり、調べものにぴったりのスペース

1

☆ ☆ ☆

ミュージアムレストランで 食とアートの融合を体感

2

3

館内には、世界的に評価の高い三國清三シェフがプロデュースするレストランも！「フレンチとイタリアンの融合」をコンセプトにした、見た目も美しいアートのような料理の数々を味わうことができる。展覧会とコラボした限定メニューも要チェック。

1 店内席のほか、皇居を望むテラス席も素敵　2.3 メニューの一例。ランチ、ディナーともに季節の食材を使用したコース料理。ランチコースは3300円～

レストラン「ラー・エ・ミクニ」

㊟ 東京国立近代美術館内　㊫ 03-3213-0392
㊡ 11:30～15:00（14:00LO）、17:30～21:00（19:00LO）
㊡ 日曜のディナー、月曜（祝日の場合は翌日）

東京国立近代美術館　とうきょうこくりつきんだいびじゅつかん

(住) 千代田区北の丸公園 3-1　(電) 050-5541-8600（ハローダイヤル）
(時) 10:00～17:00（最終入館16:30）、金・土曜は～20:00（最終入館19:30）※展覧会により異なる
(休) 月曜（祝日・振替休日の場合翌日）、展示替え期間
(¥) 500円（企画展は別途）※国際博物館の日（5月18日）、文化の日（11月3日）は無料　(交) 東西線竹橋駅1b出口から徒歩約3分

一年に一度、六本木を舞台としたアートの饗宴！

ROPPONGI ART NIGHT

六本木アートナイト

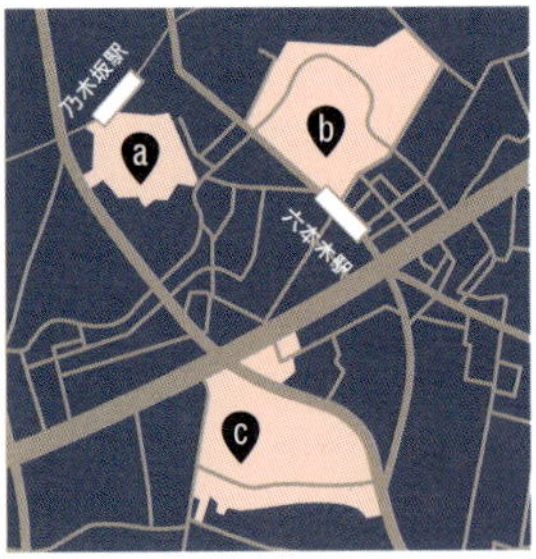

EVENT DATA

［場所］
六本木一円
（国立新美術館、
六本木ヒルズ、
東京ミッドタウン、
21_21 DESIGN SIGHT、
森美術館、
サントリー美術館ほか）

六本木を舞台としたアートの祭典。現代アート作品が街なかに登場するほか、参加美術館は開館時間を延長したり、特別企画の実施もある。これまで草間彌生や村上隆、蜷川実花、日比野克彦、名和晃平など著名なアーティストが多数参加している。

MUSEUM COLUMN 2

アートなナイトイベント

アート鑑賞の楽しみは昼間だけじゃない！ 国内外のアーティストが六本木の街をアートで彩る。非日常的な空間を楽しめ、アートにどっぷり浸れる！

ⓒ 六本木ヒルズ

コアタイムにプログラムが充実

アトリエ シス《エフェメラル コレクション》2024年

杉謙太郎《六本木の花》2024年

六本木ヒルズの中央に位置する六本木ヒルズアリーナでは、インスタレーションの前で国内外のアーティストによるパフォーマンスやアーティストトークなどさまざまなプログラムが開催される。

メイメージダンス
《沈黙の島―新たなる楽園―》2024年

ツァイ＆ヨシカワ
《豊穣の宝石-Reflection》2024年

ⓐ 国立新美術館

CHECK P.22

ガラス張りの建物が幻想的

鬼頭健吾《hanging colors》《broken flowers》2018年

黒川紀章設計の美しい曲線が有名な国立新美術館も、このイベント時は特別企画を実施する。

ⓑ 東京ミッドタウン

チェン・プー（陳普）《モスモ》2024年

現代アートをはじめ、さまざまなジャンルの企画が盛りだくさん。リアルとバーチャルを組み合わせた作品も。

①

気になるテーマ別
この美術館に行きたい！

TOKYO MUSEUM GUIDE
LET'S GO TO SPECIAL MUSEUM

☆☆☆

お宝が見たい！

国宝や重要文化財に指定された美術品があったり、建物自体が世界遺産に登録されていたりする、貴重なアートスポットがココ。

no. 11

東京国立博物館

上野

日本で最も歴史の長い博物館

「トーハク」のシンボル・本館の玄関をくぐると現れる大理石製の大階段

威風堂々とした本館は、白壁の洋式建築に東洋風の瓦屋根をのせた、帝冠様式の代表的建築

1

東京国立博物館は、明治5（1872）年に誕生した日本初の国立博物館。「トーハク」の愛称で親しまれ、東京ドーム約2個分の広大な敷地内に本館、表慶館、東洋館、平成館、法隆寺宝物館、黒田記念館の6つの展示館、資料館がある。圧倒的なのはコレクション。土偶や埴輪、彫刻、絵画など、古代から近代まで多岐にわたる美術品を約12万件所蔵しており、国宝・重要文化財もゴロゴロ。常時入れ替えの行われる総合文化展は、とても1日では見きれない。何度も通って、貴重な〝お宝〟を堪能しよう。

1 緑青のドーム屋根に重厚な白いレンガ壁が美しい表慶館。特別展などの開催時を除き休館しているが、外観の見学は自由　2 本館・大階段にある見事な装飾の壁時計。時計盤の部分が盛り上がっている　3 前庭には、朝鮮時代に「墓を守るもの」として王や貴人の墓に置かれたヒツジの像が立つ　4 本館中央階段の踊り場を飾るアール・ヌーボー風のステンドグラスと照明

4

3

2

20室以上ある本館展示室では、日本の美術品や工芸品を展示している

\ OTAKARA /

重文

exhibition

開創1150年記念 特別展
「旧嵯峨御所 大覚寺
―百花繚乱 御所ゆかりの絵画―」

2025年1月21日～3月16日　¥ 2100円

嵯峨天皇が離宮として造営し、貞観18（876）年に開創された大覚寺。貴重な障壁画や歴代天皇の書、密教美術などの寺宝を公開する。

太刀　銘 □忠（名物 薄緑〈膝丸〉）

鎌倉時代・13世紀　京都・大覚寺蔵

源満仲、頼光、義経などの清和源氏に代々伝わった伝承をもつ太刀。力強い刀身に細やかな刃文が焼き入れられており、鎌倉時代初期の備前刀の作風だ。

☆ ☆ ☆

悠久の時を刻む至宝の数々

総合文化展（常設展）では、国宝89件、重文650件を含む約12万件のコレクション（2024年4月時点）のうち、およそ3000件もの作品を鑑賞できる。毎週のように展示替えを行っているので、何度訪れても違う作品に出合うことができる。年に数回開催される特別展もおすすめ。

法隆寺宝物館１階展示室で見る重文・四十八体仏（法隆寺献納宝物）

\ OTAKARA /

国宝

竜首水瓶

飛鳥時代・7世紀　東京国立博物館蔵

法隆寺宝物館にて通年展示。法隆寺に伝わった水差しで、龍頭が注口、細い龍身が把手となり、蝶番で把手に留めた龍の上顎が蓋となっている

重文

/ OTAKARA \

湖畔

黒田清輝　明治30（1897）年　東京国立博物館蔵

2025年3月25日～4月6日　黒田記念館特別室にて展示。箱根の芦ノ湖と彼岸の山を背景にして涼をとる麗人の像。黒田清輝の代表作

\ OTAKARA /

重文

埴輪　腰かける巫女

古墳時代・6世紀　群馬県大泉町古海出土　東京国立博物館蔵

2025年4月22日～9月28日に平成館考古展示室にて展示。袈裟状衣と呼ばれる女子像特有の着衣表現をもち、腰に三角文をあしらった幅広の帯をつけている

\ OTAKARA /

重文

色絵牡丹図水指

仁清、「仁清」印　江戸時代・17世紀　東京国立博物館蔵

2025年1月2日～3月9日に本館8室にて展示。中国的な窓絵の構図を取りながら、色絵による牡丹図が和の趣をもたらしている

1

☆ ☆ ☆

建物にも見どころ 東洋館と 法隆寺宝物館は 親子の共演

お宝なのはコレクションだけではない。旧東京帝室博物館時代に建てられた本館、宮廷建築家・片山東熊《とうくま》が設計した表慶館は国の重要文化財。ほかにも黒田記念館や、東京大学の赤門と並ぶ大名屋敷表門·黒門（旧因州池田屋敷表門）、鎌倉時代に建てられた校倉(旧十輪院宝蔵) など、敷地内には文化的・歴史的に重要な名建築がひしめき合っている。

1 世界遺産・法隆寺の献納宝物約300件を収蔵・展示している法隆寺宝物館。こちらの建物は2001年に日本建築学会賞（作品部門）を受賞した　2 東洋館は建築家・谷口吉郎、法隆寺宝物館は息子の谷口吉生設計という、親子共演が見られる　3 法隆寺宝物館のエントランスホール

3　2

上／フレンチトースト1500円
下／ハッシュドビーフ2100円

☆☆☆

木漏れ日の中で味わう ホテルオークラ伝統の味

法隆寺宝物館1階に、シーフードグラタンやハッシュドビーフを名物とする洋食レストランがある。ホテルオークラ系列のお店で、サービスは一流。少し奥まった場所にあり、静かで落ち着いた雰囲気の中で食事が楽しめる。オープンテラス付きで天気のいい日は木漏れ日の下でリラックス。博物館の敷地内にはほかに3カ所の食事処・カフェがある。

ホテルオークラ ガーデンテラス

㊂ 03-3827-7600
㊅ 10:30～16:20LO、金・土曜～19:20LO
㊡ 東京国立博物館に準ずる

shop

お宝作品のグッズが 手に入るショップに注目！

ミュージアムショップは本館1階、東洋館1階、正門プラザの3カ所にある。ユニークなグッズがたくさん！

東洋館の名品がモチーフの舎利容器クッション4840円

手拭い（左からモザイク模様〈紺〉1430円・ゆりの木1760円・見返り美人1760円）

刀剣マスキングテープ 全6種各463円

㊂ 03-3822-0088 ㊅㊡ 東京国立博物館に準ずる

CHECK グッズはP.165もチェック

東京国立博物館 とうきょうこくりつはくぶつかん

㊟ 台東区上野公園13-9 ㊂ 050-5541-8600（ハローダイヤル）
㊅ 9:30～17:00（最終入館16:30）、
金・土曜・翌月曜が祝日の場合の日曜～20:00（最終入館19:30）
㊡ 月曜（祝日・振替休日の場合翌平日） ㊎ 1000円 ㊋ JR上野駅公園口から徒歩約10分

玉石が埋め込まれた外壁は、取り外し可能なパネルになっているのも、この建物の特徴

no. 12

国立西洋美術館

上野

建築も芸術！世界遺産な美術館

国立西洋美術館は上野公園内にあり、西洋美術を専門にコレクションする唯一の国立美術館。常設展はモネやセザンヌ、ロダンといった名だたる芸術家の作品をはじめ、中世から20世紀にかけての西洋画や近代彫刻などが見どころだ。

この美術館を訪れたなら、貴重な美術品の数々だけでなく、建物自体にもぜひ注目してほしい。フランスの建築家ル・コルビュジエが設計した近代建築の建物は、２０１６年に東京初の世界文化遺産に登録された。

1 美術館の前庭にあるのはロダンの彫刻。《考える人》のサイズをオリジナルサイズとして拡大して制作されたもの
2 美術館設立20周年を迎える1979年に竣工した新館。常設展の19～20世紀の作品を展示している

1

オーギュスト・ロダン《考える人（拡大作）》1881-82年（原型）、1902-03年（拡大）、1926年（鋳造）ブロンズ　国立西洋美術館　松方コレクション　撮影：©上野則宏

2

☆ ☆ ☆

ル・コルビュジエによる近代建築がアートの旅に誘う

本館は、20世紀を代表する建築家、ル・コルビュジエの設計により1959年に建設された。コンクリート造の建物は、1階入り口部分の壁がなく、柱だけで2階を支えるピロティと呼ばれる構造が特徴。毎週水曜日と第1・第3・第5日曜日には、ボランティアスタッフが案内する無料（要常設展観覧券）の建築ツアー（P.86）も行われるので、ぜひ参加を。

エル・グレコ《十字架のキリスト》制作年不詳
油彩、カンヴァス　国立西洋美術館

クロード・モネ《睡蓮》 1916年　油彩、カンヴァス　国立西洋美術館
松方コレクション

☆ ☆ ☆

モネをはじめとする 珠玉の西洋美術が一堂に

川崎造船所の初代社長だった松方幸次郎がヨーロッパで買い集めた約370点の「松方コレクション」を核として、絵画・彫刻・素描・版画・工芸など多岐にわたる分野の芸術品6000点以上を所蔵する。なかでもクロード・モネの絵画《睡蓮》やオーギュスト・ロダンの彫刻《地獄の門》をはじめ、ゴッホやセザンヌ、ゴーガンなど19世紀の西洋美術は見逃せない。

人体のサイズと黄金比をもとに割り出した寸法体系、モデュロールに基づき設計された本館展示室。天井の低い部分と高い部分があり、空間の広がりや変化を感じさせる

金・土曜日はディナータイムも営業

☆☆☆

見応え十分の
アート鑑賞の後は
館内のカフェでひと休みを

作品の鑑賞を終えて展示室を出ると、中庭を望むカフェレストランが。ケーキセットやスペシャルプレート、ディナーにぴったりのコースも用意され、くつろいだ雰囲気のなか、美術鑑賞の余韻に浸ることができる。

チョコレートケーキのオペラ800円

CAFÉすいれん

㊕ 10:00～17:30（食事は11:00～16:45LO、喫茶は10:00～17:15LO）、金・土曜～20:00（食事は11:00～19:10LO、喫茶は10:00～19:30LO）　㊡ 国立西洋美術館に準ずる

shop

所蔵作品をモチーフにした
アートなグッズがそろう

モネ《睡蓮》やロダン《考える人》などのオリジナルグッズのほか、約2000冊もの美術関係の書籍を扱う。

付箋考える人
613円

㊕㊡ 国立西洋美術館に準ずる

CHECK　グッズはP.165もチェック

「西洋絵画、どこから見るか？―ルネサンスから印象派まで　サンディエゴ美術館vs国立西洋美術館」出展作品

マリー＝ガブリエル・カペ《自画像》1783年頃、油彩／カンヴァス、国立西洋美術館

国立西洋美術館　こくりつせいようびじゅつかん

㊟ 台東区上野公園7-7　㊢ 050-5541-8600（ハローダイヤル）
㊕ 9:30～17:30（最終入館17:00）、金・土曜は～20:00（最終入館19:30）
㊡ 月曜（祝休日の場合翌平日）
¥ 常設展500円、Kawasaki Free Sunday（原則毎月第2日曜日）国際博物館の日（5月18日）、文化の日（11月3日）は常設展のみ無料　※企画展は別途
㊋ JR上野駅公園口から徒歩約1分、京成電鉄京成上野駅正面口から徒歩約7分、銀座線・日比谷線上野駅7番出口から徒歩約8分

写真提供：国立西洋美術館

✓ exhibition

西洋絵画、どこから見るか？
―ルネサンスから印象派まで
サンディエゴ美術館vs国立西洋美術館

2025年3月11日～6月8日　¥ 2300円ほか

両館の所蔵品から88点を掛け合わせ、絵画がもつ物語を深掘り。西洋美術の歴史を辿りながら、「ここから見ると面白い」という見方を提案する。

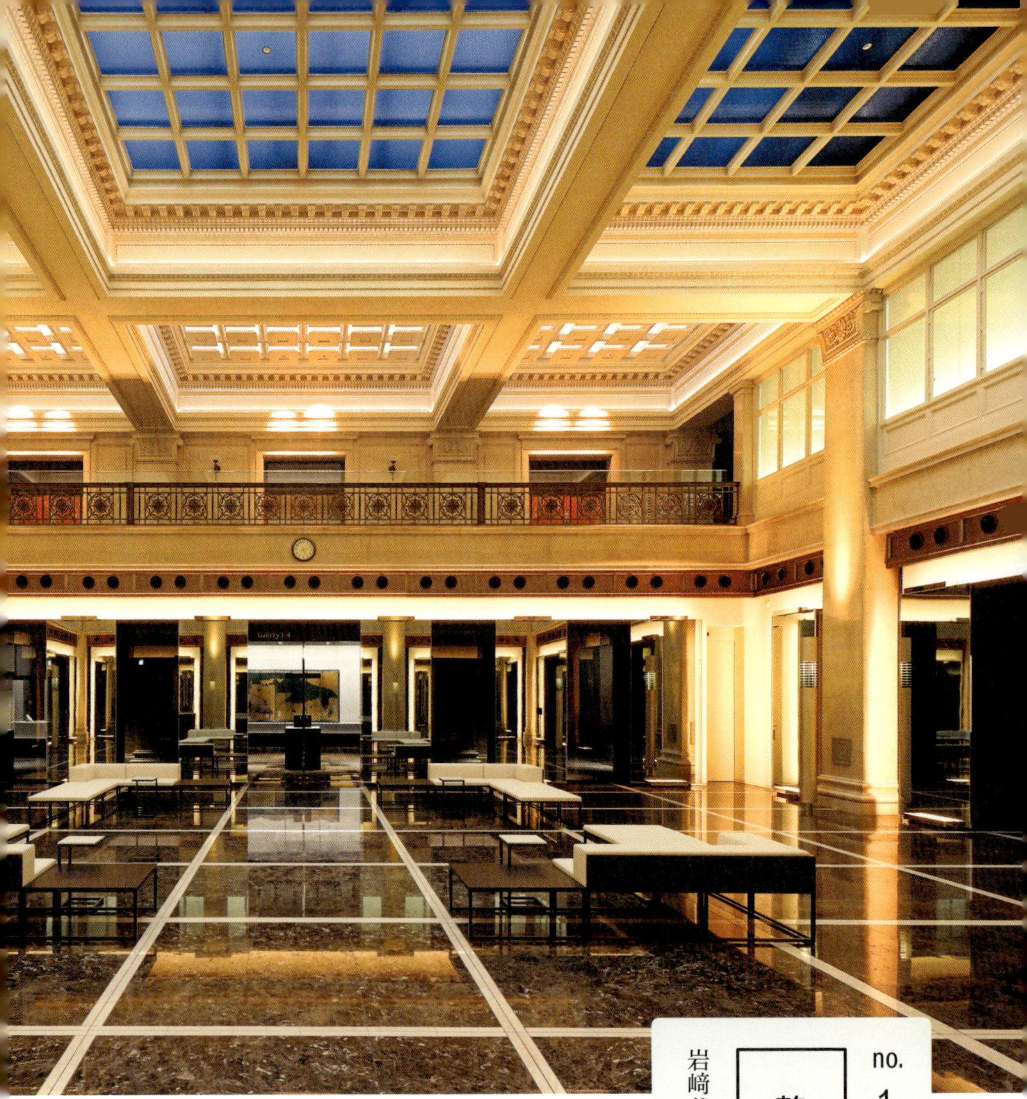

no. 13

丸の内

静嘉堂文庫美術館

岩崎父子による至宝のコレクション

静嘉堂文庫は、三菱の2代目社長・岩崎彌之助が創設。息子で4代目社長の小彌太が所蔵品を拡充し、世田谷区岡本に移設した。同地で所蔵品の公開を行ってきたが、２０２２年に美術館の機能を丸の内へ移転。彌之助が美術館建設を計画していたという縁のある地で開館した。

美術館が入るのは明治生命館の1階。中へ入ると、まず目に飛び込むのは真っ白な大理石の天井が広がる空間で、非日常の華やかさに心躍る。展示室はこのホワイエを囲むように4室を備える。国宝7件を含む貴重なコレクションを展示する舞台として、これほど適した場所は他にないだろう。フロアを上り下りしないシンプルな導線なので、余計な体力も使わず、作品の鑑賞に全集中できるのもいい。

2

1

☆ ☆ ☆

美術館の舞台は丸の内に佇む重厚な歴史建築

静嘉堂文庫美術館が入る明治生命館は昭和9年（1934）竣工の重要文化財で、古典主義様式のダイナミックな建築だ。2階の会議室、応接室、食堂などは無料で見学することができる（9時30分～19時）。

1 入館してすぐ、二層吹き抜けのホワイエが広がる。大理石の柱や梁型の装飾が美しい　2 巨大な列柱が特徴的な明治生命館

リニューアルを機に、展示ケースと照明設備を一新したという

✓ exhibition

豊原国周生誕190年
歌舞伎を描く―秘蔵の浮世絵初公開！

2025年1月25日～3月23日　¥ 1500円

初期浮世絵から幕末明治までの役者絵の歴史を、静嘉堂のコレクションのみで辿る。浮世絵師で最多の役者絵を描いた国貞や、彼の弟子で「明治の写楽」と称えられた国周の錦絵帖も初公開。

\ OTAKARA /

国宝

曜変天目《ようへんてんもく》（稲葉天目《いなばてんもく》）
建窯《けんよう》

南宋時代（12～13世紀）

完全な形で国内に現存する3点のうちのひとつ。3代目将軍・徳川家光から春日局に下賜され、淀藩主稲葉家を経由して岩﨑小彌太の所有になった。

\ OTAKARA /

国宝

源氏物語関屋澪標図屏風《げんじものがたりせきやみおつくしずびょうぶ》

俵屋宗達　江戸時代、寛永8（1631）年

『源氏物語』第十四帖「澪標」と第十六帖「関屋」を題材にした俵屋宗達の代表作。醍醐寺へ寄進した返礼として、岩﨑彌之助に贈られた。

重文

/ OTAKARA \

住之江蒔絵硯箱《すみのえまきえすずりばこ》

尾形光琳　江戸時代（18世紀）

『古今和歌集』で詠まれた恋歌がモチーフ。打ち寄せる波を金の蒔絵、岩礁を鉛板、和歌の文字は切り抜いた銀板で表現している。

☆ ☆ ☆

岩﨑二代が収集した数多くの名品

静嘉堂は、漢籍や和書の古典籍約20万冊と、国宝7件・重要文化財84件を含む約6500件の東洋古美術品を所蔵。彌之助や小彌太と同時代の明治～昭和初期の作家の作品も多い。南宋時代の建窯で焼かれた《曜変天目》や、足利将軍から大名に下賜され本能寺の変や大阪の陣で罹災して残った《唐物茄子茶入 付藻茄子《つくもなす》》など、名品が受け継がれてきた経緯に注目しても興味深い。

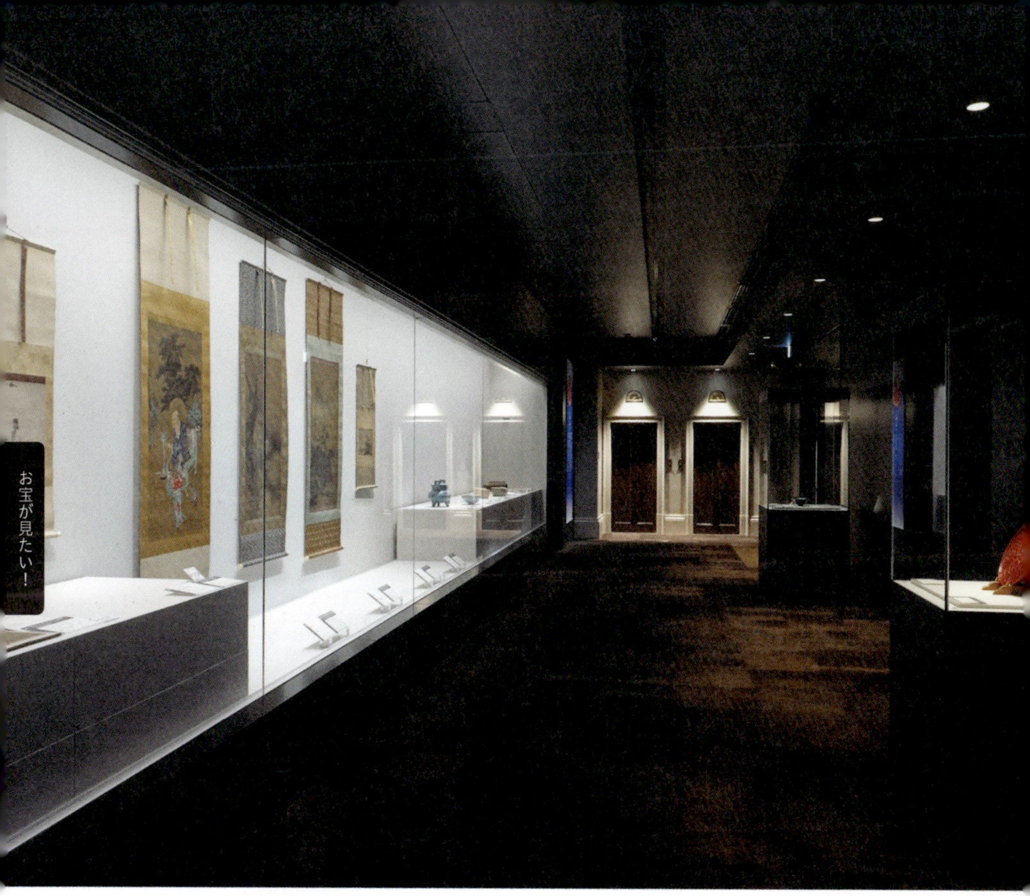

展示室面積は世田谷の旧美術館の約1.5倍に広がった

shop

おしゃれでハイセンスな オリジナル商品

ミュージアムショップでは「曜変天目」「唐物茄子茶入」など、静嘉堂の所蔵作品をモチーフにしたオリジナルグッズ、図録、季節ごとのおすすめ商品を販売。

美術品がモチーフのマグネット各660円

マスキングテープ 550～880円

㊋ 10:00～17:00（ほか夜間営業あり）㊡ 静嘉堂文庫美術館に準ずる

CHECK グッズはP.165もチェック

静嘉堂文庫美術館　せいかどうぶんこびじゅつかん

(住) 東京都千代田区丸の内2-1-1 明治生命館1F　(電) 050-5541-8600（ハローダイヤル）
(時) 10:00～17:00（展覧会により夜間開館あり）
(休) 月曜（祝日の場合翌平日）、展示替え期間
(¥) 1500円　(交) 東京メトロ二重橋前（丸の内）駅直結

1

no. 14

五島美術館

世田谷

住宅街にある名品ぞろいの美術館

2

1 建物は和様空間の案出に秀れた芸術院会員・吉田五十八により設計された近代建築　2 館内には2つの展示室のほか、ミュージアムショップも。国宝『源氏物語絵巻』など収蔵品をモチーフにしたオリジナルグッズをおみやげに

世田谷区上野毛の住宅街にある五島美術館は昭和35（1960）年に私立美術館として開館。東京急行電鉄株式会社（現・東急）の元会長・五島慶太のコレクションを公開している。作品は日本をはじめ東洋における明治時代以前の古美術が中心。約5000件もの収蔵品を、テーマに沿って年7回の展覧会で紹介する。

建物は寝殿造の意匠を随所に取り入れ、近代建築史における貴重な建造物として注目された。その後開館50周年に、当時の姿を残しつつリニューアル。美術鑑賞の後は、広大な庭園を散策してみよう。

国宝　源氏物語絵巻　鈴虫二　絵　平安時代・12世紀

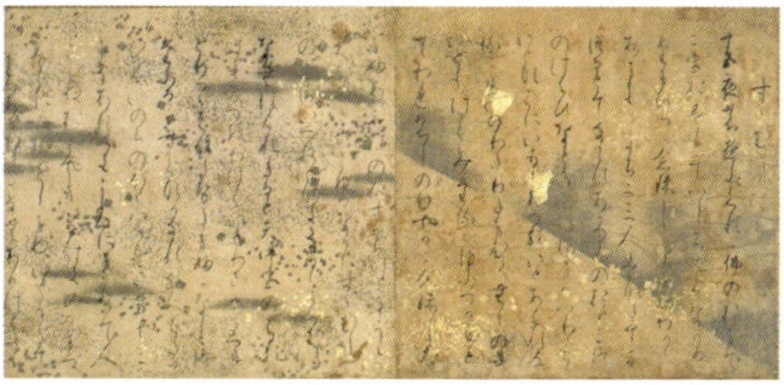

国宝　源氏物語絵巻　鈴虫一　詞書
平安時代・12世紀

国宝
/ OTAKARA \

☆☆☆

国宝『源氏物語絵巻』を含む国宝5件と重要文化財を収蔵

コレクションの核となっているのは、創設者の五島慶太が戦前から戦後にかけて蒐集した古美術品。12世紀に『源氏物語』を絵画化した『源氏物語絵巻』などの国宝をはじめ、書や茶道具、中国の古鏡や文房具など、重要文化財50件を含む約5000件を収蔵する。

☆☆☆

アート鑑賞の後は緑豊かな庭園を散策

美術館の敷地は庭園を含めてなんと6000坪！ 多摩川方面に向かって急傾斜する広大な庭には散策路がめぐらされ、明治時代に建てられた茶室「古経楼」や、立礼席「冨士見亭」（内部は非公開）が佇む。天気のいい日には富士山が見えるポイントも。

森のような緑豊かな庭園。大日如来や、伊豆・長野の鉄道事業の際にここに運ばれてきた六地蔵などの石像が安置されている

五島美術館　ごとうびじゅつかん

- ㊟ 世田谷区上野毛3-9-25
- ㊕ 050-5541-8600（ハローダイヤル）、03-3703-0661（テープ案内）
- ㊍ 10:00～17:00（最終入館16:30）
- ㊡ 月曜（祝日の場合翌平日）、展示替え期間など
- ¥ 1100円（特別展は別途）
- ㊦ 東急大井町線上野毛駅から徒歩約5分

CHECK グッズはP.165をチェック

東京都美術館の建築ツアーに参加してみた！

東京都美術館×東京藝術大学「とびらプロジェクト」で活躍するアート・コミュニケータ(愛称：とびラー)による建築散策ツアー。コースはとびラーによってさまざまなので、参加するたびに新発見が！

TOUR DATA

東京都美術館 とびラーによる建築ツアー CHECK P.181

㊕原則、奇数月第3土曜の14:00～14:45 ¥無料 ※定員30名(WEBサイトから事前申し込み制。申し込み多数の場合は抽選)

MUSEUM COLUMN 3

建築ツアーで美術館をぐるり

所蔵する作品だけでなく、建物自体が見どころの美術館も多数！“建築”をテーマにした美術館独自のツアーに参加すれば、アート鑑賞がより楽しくなる。

START

a ツアーのスタートは中央棟のロビー

「天井、どうなってたっけ？」「どんな照明だったっけ？」など、参加者にとって印象の薄いロビーからツアースタート！ だからこそツアーの最初から、気づきの連続。参加者から「おおーっ」という声が上がることも。

テーブルの形にも注目！

b アートラウンジの建築模型で改修前後を比較

中央棟1階の「佐藤慶太郎記念 アートラウンジ」には、昭和50(1975)年竣工時と2012年改修時の模型が置かれている。そのほか、ラウンジには都内近郊の展覧会チラシなどがあり、無料で利用できるので、美術館散策の合間におすすめ。

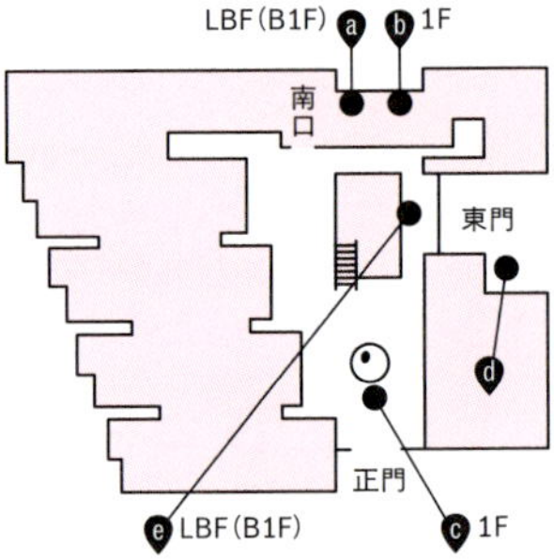

c お気に入りの野外彫刻で記念撮影！

敷地内にはさまざまな作家の彫刻が、屋内・屋外合わせて12点展示されている。中でも、正門を入ってすぐにある《my sky hole 85-2 光と影》(井上武吉、1985年)は撮影スポットとしても人気。

そのほかの彫刻も！

堀内正和《三つの立方体 B》1978年

d レンガのように見える外壁。実は…

「打ち込みタイル工法」という手法がとられたタイル壁。タイルが剥離しないように、コンクリートを固めるときに、タイルも一緒に固めてしまうという工法。タイルは愛知県産で、微妙に異なる色の並びは、職人のさじ加減によるもの。

e 館内外のアーチも見どころ！

建物の骨格のように配置された2列のアーチは、館内外に連続して設置されている。表面は光の陰影が生まれるよう、絶妙な「はつり」加工が。「はつり」具合も面によって異なるので、ぜひ手で触って確かめてみて！

ANOTHER TOUR

夜開催の建築ツアー！

渋谷区立松濤美術館 CHECK P.199

哲学の建築家と言われる白井晟一設計の美術館建築をスタッフによるガイドで見学。建築の詳細や展示の工夫を聞ける。

㊕特別展開催中の毎週金曜18:00～18:40 ¥無料(入館料別途、当日定員約20名) ※2～3月の開催日時は要問い合わせ

世界遺産の魅力を体感！

国立西洋美術館 CHECK P.76

©国立西洋美術館

フランスの建築家ル・コルビュジエ設計で世界文化遺産に登録された本館などを、ボランティアスタッフと一緒に巡る。

㊕水曜および第1・第3・第5日曜の15:00～15:50 ¥無料(常設展観覧券別途、定員各回20名) ※要事前申し込み(先着順)

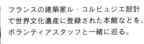

☆ ☆ ☆

カフェが好き。

巷で話題のお店があったり、アートなメニューが
自慢だったり。カフェが素敵だから。
そんな理由で美術館を選んだっていい。

no. 15

東京都現代美術館

清澄白河

カフェも素敵な現代アートの殿堂

約５８００点もの戦後美術を体系的に収集する東京都現代美術館。収蔵作品は「ＭＯＴコレクション」展として会期ごとにさまざまな切り口を設けて展示される。そのほか大規模な国際展をはじめとする企画展も開催。絵画、彫刻、ファッション、建築、デザインなど現代美術を中心に幅広いジャンルの動向を紹介する。アート鑑賞のあとは、館内にあるおしゃれなカフェもチェックして。

橋梁のトラス構造のような柱が並ぶ、奥行き約140mのエントランスホール

カフェだけの利用もOK。人気のサンドイッチは午前中で売り切れてしまうことも

☆ ☆ ☆

サンドイッチをテイクアウトして屋外でピクニック♪

アート鑑賞の余韻を楽しむなら「二階のサンドイッチ」へ。“鶏のリエットと炙りベーコン”や“フライドオニオンとBBQチキン”など、こだわりの料理を贅沢にサンドした絶品サンドイッチを味わえる。店頭に並ぶのは定番と季節商品の7～8種類ほど。イートインはもちろん、テイクアウトして中庭や公園でピクニックするのもおすすめ。

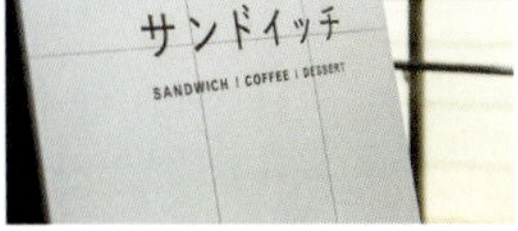

二階のサンドイッチ

㊐ 03-6458-5708 ㊐ 10:00～18:00（17:30LO）
㊡ 月曜（祝日の場合翌平日）

1

2

1 いちごミルク660円や有機の抹茶ラテ620円などドリンクは多彩　2 カマンベールチーズとバルサミコソースの自家製ローストポークサンドイッチ780円

☆ ☆ ☆

食事をしながら アート も体験できるレストラン

「100本のスプーン」は、「コドモがオトナに憧れて、オトナがコドモゴコロを思い出す」というコンセプトをもとにしたファミリー向けレストラン。旬の食材を使った洋食メニューほぼすべてにハーフサイズがあったり、オトナもコドモも楽しめるランチコースがある。店内はアートを楽しめる仕掛けがいっぱいで、ワクワクしながら食事を楽しめる。

ボックスシートの壁をよく見ると、額縁の中に自分たちの姿が映っている！

1

2

3

1 左から農園野菜と穀物のサラダボウル1221円、オマール海老のビスクのクリームドリア1540円、ハンバーグステーキ 特製デミグラスソース1782円、アイスティー539円　2 天井の鏡を下から見上げてみると…？　3 メニューの表紙はなんと塗り絵に

100本のスプーン

㊂ 03-6458-5718　㊅ 11:00〜18:00（17:00 LO）　㊡ 月曜（祝日の場合翌平日）

小学校低学年以下の子どもは、保護者の同伴が必要。
開室時間は10〜18時

☆ ☆ ☆

アートに触れるきっかけに「こどもとしょしつ」

「こどもとしょしつ」では、収蔵作家や展覧会に関連したこども向けの本や現代美術に親しむきっかけになるような本が閲覧できる。美術図書室に併設され、無料で利用できる。大人だけで利用することも可能。美術図書室には、視聴覚資料などが利用できるメディアブースも。

1

2

☆ ☆ ☆

館内のサインや
中庭に出入りできるエントランスにも注目

館内に入ると目に入るのが、展示室やロッカーの場所を示すサイン。それぞれデザインはシンプルながら、石とスチールでできた建物のイメージに対比する、コルクやカジュアルな板材、曲線を使うことで、館内に柔らかな空気を生み出している。

3

1 1995年に開館した東京都現代美術館。建物の設計は建築家・柳澤孝彦が手掛けた　2 アート鑑賞の合間に中庭でのんびり　3 木場公園の一角にあり、気軽に立ち寄れる

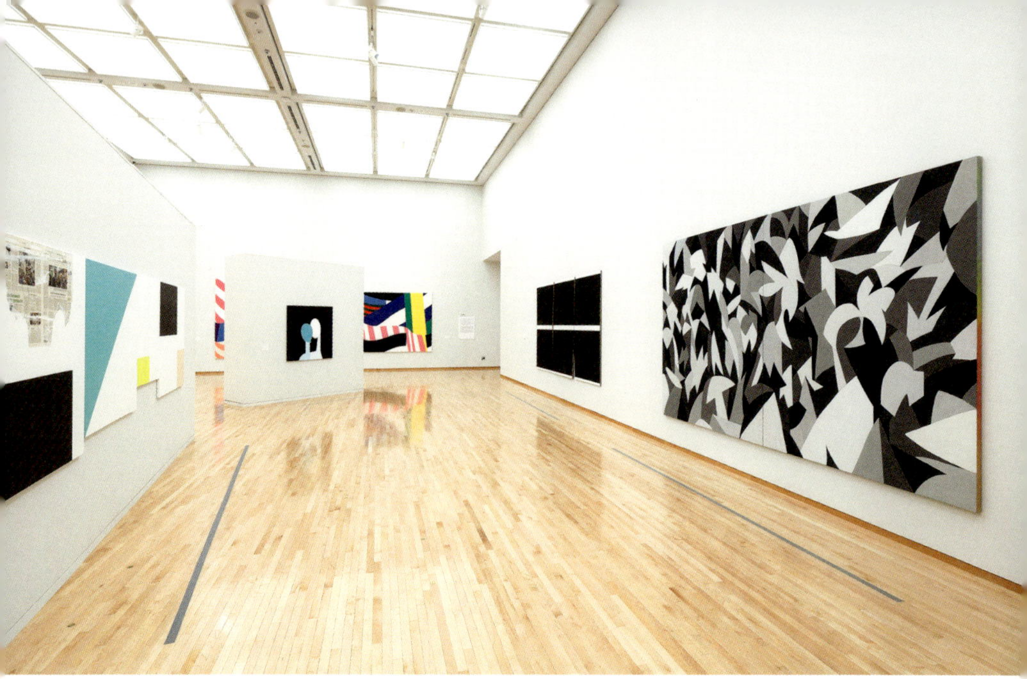

『MOTコレクション第1期 ただいま / はじめまして』2019年（終了）※下の作品2点も

☆ ☆ ☆

現代美術の流れを展望できる
コレクション展は必見

作品は現在も収集され続けており、約5800点もの所蔵数を誇る。各々の時代を切り拓いてきた、革新的なアーティストの作品が中心になっている。これらの作品は、年3～4回開かれる展覧会「MOTコレクション」で見ることができる。毎回テーマと展示作品が違うので、訪れるたびに現代アートの新しい魅力が発見できそう。

末永史尚《折り紙モール》 2014年

棚田康司《雨の像》
2016年

《点 音（おとだて）》のプレートは、耳と足の形を合わせたようなマークが目印。見つけたら上に乗って、耳をすませてみよう

☆ ☆ ☆

音・水・光
五感を刺激するアートが
館内外に

屋外展示も楽しみのひとつ。サウンド・アーティスト鈴木昭男の作品《道草のすすめ－「点 音（おとだて）」and “no zo mi”》は、館内外12カ所に設置されたプレートの上に乗って、周囲の音に耳をすませるというもの。ほかにもアンソニー・カロの《発見の塔》や、オノ・ヨーコ《クラウド・ピース》など、体感型の作品に出合える機会も。光や水など五感を刺激するスポットもたくさんあるので、美術館全体でアートを楽しもう。

エントランスの三角形の柱を通して差し込む光。自然の木漏れ日のように床に丸い文様を描いている

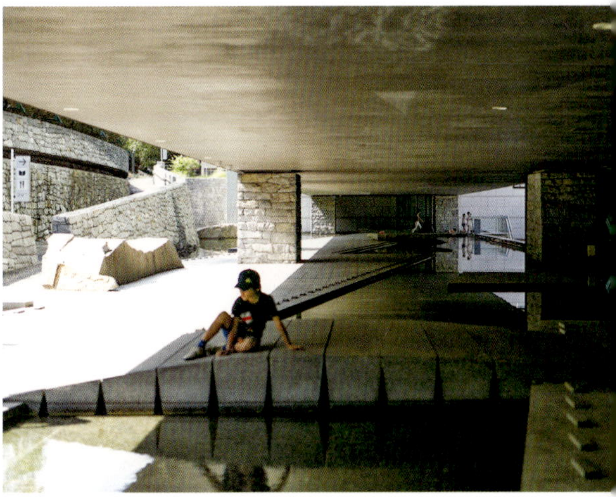

隣の木場公園との一体化というコンセプトを感じる「水と石のプロムナード」。メインエントランスの真下に広がる空間で、美術館からも公園からもアクセスできる

東京都現代美術館

とうきょうとげんだいびじゅつかん

(住) 江東区三好4-1-1
(電) 050-5541-8600（ハローダイヤル）
(時) 10:00～18:00（展示室最終入場17:30）
(休) 月曜（祝日の場合翌平日）、展示替え期間
(¥) 展覧会により異なる
(交) 半蔵門線清澄白河駅
B2番出口から徒歩約9分

3階にある吹き抜けスペース。展覧会によって雰囲気が変わるのも魅力

no.１６

サントリー美術館

六本木

伝統&モダンの世界が広がる非日常空間

サントリー美術館は、サントリーの二代目社長・佐治敬三が創設した美術館。昭和36（１９６１）年に丸の内で開館し、昭和50（１９７５）年に赤坂、２００７年に六本木の東京ミッドタウンに移転オープンした。

建築家・隈研吾によって設計され、和紙やウイスキーの樽を再生利用したホワイトオークの床材など、自然のぬくもりを感じさせる素材を使用した和モダンなつくりになっている。

鑑賞の前後には、美術館とひと続きになったカフェでひと休み。金沢ゆかりの加賀麩を使ったスイーツや加賀棒茶を味わえるカフェで、ゆったりと贅沢なひとときを過ごせる。

講演会やワークショップ、中高生向け「サン美美術部」など、子どもから大人まで楽しめるプログラムも充実している。

exhibition

没後120年
エミール・ガレ
：憧憬のパリ

2025年2月15日〜4月13日
(¥) 1700円

ガラス、陶器、家具において独自の世界観を展開したガレ。パリとの関係に焦点を当て、その創造性の変遷を回顧する。

昼顔形花器「蛾」エミール・ガレ
1900年　サントリー美術館

美術館と同じウイスキー樽を再利用した床材や縦格子を使った内装

☆ ☆ ☆

金沢の老舗
加賀麩不室屋のカフェ

サントリー美術館に併設するのは、慶応元年に金沢に創業した加賀麩専門店「加賀麩不室屋」がプロデュースするカフェ。金沢は京都と並ぶ生麩・飾り麩の産地で、江戸時代から受け継がれてきた加賀麩の味を加賀麩とりどり膳や麩あんみつといった現代的にアレンジしたメニューで楽しめる。展覧会ごとに替わる特別メニューも人気が高い。

しら玉生麩を味わえる特製あんみつ

色とりどりの加賀麩を使い、見た目も華やかな和パフェ

☆ ☆ ☆

もちもちの食感！
加賀麩を使った和スイーツ

しら玉生麩に上品なこし餡を合わせたあんみつや黒蜜ゼリー、豆乳アイス、しら玉生麩を重ねたパフェなどが人気。やさしい甘さとお麩のモチモチ食感がクセになる美味しさで、加賀棒茶との相性も抜群。

shop × cafe（カフェ 加《か》賀《が》麩《ふ》不《ふ》室《むろ》屋《や》）

(電) 03-3479-8600　(時) 11:00～18:00（17:30LO）、展覧会会期中の金曜～20:00（19:30LO）

(休) 展覧会会期中の休館日、展示替え期間中の月・火曜

☆ ☆ ☆

洋の東西を問わず蒐集された質の高いコレクション

「生活の中の美」を基本理念として、60年以上の歳月をかけて集められたコレクションは、日本の古美術、東洋やヨーロッパのガラスを中心とした約3000件。国宝1件、重要文化財16件、重要美術品21件が含まれる。これらの作品は年5～6回のペースで開かれる企画展のテーマに沿って展示される。また、6階のホールでは展覧会に関連した講演会やイベント、体験型レクチャーを実施しているので、こちらもぜひ参加してみよう。

1 展示室は3階と4階。可動式の壁を備えており、展示空間を自由に調整できる　2 6階にはホールのほか、茶室「玄鳥庵」がある。普段は非公開だが、展覧会期間中の指定の木曜日に有料・先着順で、お抹茶と季節の和菓子をいただける呈茶席を設けている

shop

“和モダン”な遊び心あふれるグッズたち

サントリー美術館のコレクションをモチーフにしたグッズは和モダンなデザインで、おみやげやプレゼントにぴったり。

収蔵品《鼠草子絵巻》をモチーフにしたTシャツ（白）

エミール・ガレ「蜉蝣」を表現したスカーフ

shop×cafe（ミュージアムショップ）

㊖ 10:30～18:00（火曜・展示替え期間は11:00～18:00）、展覧会会期中の金曜～20:00　㊡ 展示替え期間中の火曜

CHECK グッズはP.165もチェック

サントリー美術館　サントリーびじゅつかん

㊟ 港区赤坂9-7-4 東京ミッドタウン ガレリア3F　㊂ 03-3479-8600
㊖ 10:00～18:00（最終入館17:30）、金曜～20:00（最終入館19:30）
㊡ 火曜、展示替え期間　(¥) 展覧会により異なる
(交) 都営大江戸線六本木駅8番出口直結

no.17

山種美術館

五感で楽しむ日本の美の世界

広尾

山種美術館は、実業家・山崎種二が創設した日本初の日本画専門美術館。種二が横山大観や上村松園、川合玉堂など錚々たる作家たちと交流し、蒐集した日本画がコレクションの核になっている。

展覧会開催は年6回ほど。日本画を通して、季節の移ろいや自然の美しさを再発見できる。

また、併設するカフェでは、展覧会ごとに出品作をテーマにした和菓子を提供。美しく繊細な日本画の世界をじっくりと鑑賞した後は、カフェで〝小さな芸術〟を堪能したい。

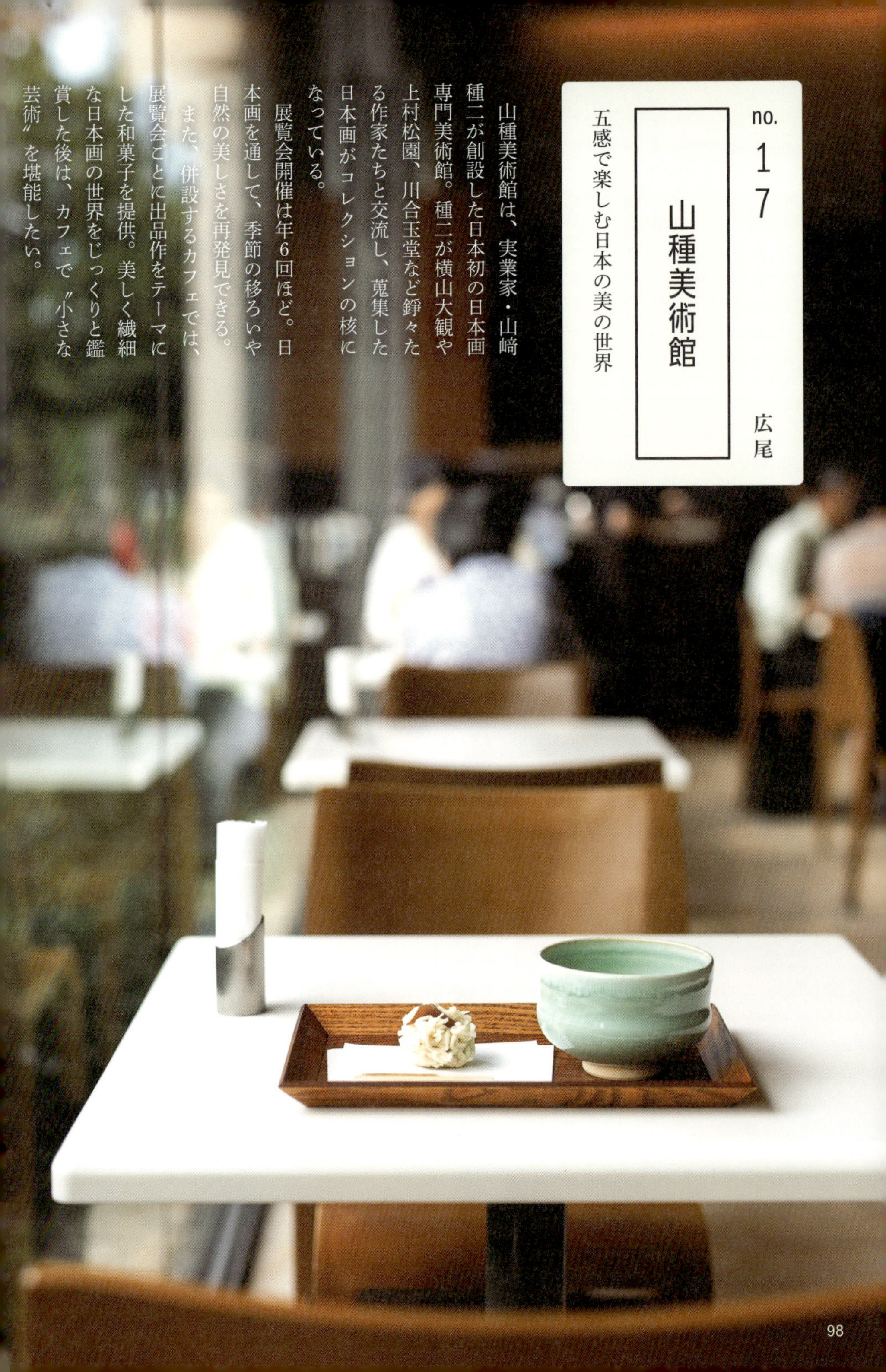

撮影：小池宣夫

地下１階にある広々とした展示室。企画展や特別展が開かれる。照明などの工夫により、日本画の素材がよりよく鑑賞できる展示室となっている

日本の自然や風物を叙情豊かに描いた川合玉堂《春風春水》1940年

✓ exhibition

特別展
桜 さくら SAKURA 2025
―美術館でお花見！―

2025年3月8日～5月11日 ￥1400円

☆ ☆ ☆

琳派や近世絵画まで 創立者・山﨑種二の コレクションをもとに開館

創立者であり、初代館長の山﨑種二の名前を略して、その名がついた山種美術館。日本画だけにとどまらず、琳派などの江戸絵画や浮世絵、古画、油彩画など約1800点を収蔵している。日本画家・速水御舟の作品数は国内随一で、「御舟美術館」の異名を持つほど。作者を知らなくても墨、岩絵具などの天然絵具を使う日本画の鑑賞は、ザラザラした画肌や絵具の発色を見るだけでも面白い。「敷居が高い」なんて思わず、ぜひ日本画の世界へ飛び込んでみよう。

1

☆ ☆ ☆

季節の移ろいを感じる 色とりどりの和菓子で 鑑賞後の一服

Cafe 椿は、季節の和菓子やお抹茶をいただける気品あるカフェ。和菓子は青山の菓匠、菊家が日本画をモチーフに作る美術館オリジナルで、展覧会ごとに入れ替わる。ドリンクにもこだわりがあり、京都のスマート珈琲店のブレンドが京都以外で飲めるのはここだけ。夏は「冷抹茶」もいただける。

しらなみ

川端龍子《鳴門》に描かれた鳴門の波涛を、白い淡雪羹とブルーの錦玉羹で表現（７１０円）

錦秋

川合玉堂《渓雨紅樹》の情景を凝縮。美しい紅葉に甘さ控えめなこしあんを包む（７１０円）

葉かげ

ゆずあんがほのかに香る。横山大観《作右衛門の家》に茂る青葉をみずみずしく表現（７１０円）

shop

グッズにも日本画の世界を表現

日本画を身近に感じてもらうため「もうひとつの美術館」と呼ばれるほど美しいグッズを取りそろえている。

上村松園《春芳》をデザインした京都の老舗「松栄堂」のお香セット 900円

上村松園《牡丹雪》絵はがき 150円

㊋㊡ 山種美術館に準ずる

CHECK グッズはP.165もチェック

山種美術館　やまたねびじゅつかん

㊟ 渋谷区広尾3-12-36
㊂ 050-5541-8600（ハローダイヤル）
㊋ 10:00～17:00（最終入館16:30）
㊡ 月曜（祝日の場合翌日）、展示替え期間
¥ 1400円 ※展覧会により異なる
㊇ JR恵比寿駅西口・日比谷線恵比寿駅2番出口から徒歩約10分

2

Cafe 椿（カフェつばき）

㊂ 090-5202-7887
㊋ 10:30～17:00
㊡ 山種美術館に準ずる

1 店内の家具はイタリア・カッシーナ・イクスシー社のインテリアで統一している　2 和菓子「朝の光」（現在は販売終了）・お抹茶セット1300円。和菓子は常時5種類並び、テイクアウト（2個から）もできる

月下の柳

杏入りの練切りは柳に降る満月の光。菱田春草《月四題》のうち「夏」がモチーフになっている（710円）

誰が袖

春の訪れを告げる梅の花を描いた上村松園《春芳》。淡緑の練切りに胡麻入りこしあんを包む（710円）

雪の日

上村松園《牡丹雪》の傘に残る春の雪を再現。中にはほのかな酸味を感じるゆずあんが（710円）

no. 18

ヨックモックミュージアム

表参道

アート体験できるカフェが楽しい！

2020年にオープンしたヨックモックミュージアムは、表参道の骨董通り近くにある隠れ家のような美術館。洋菓子のヨックモックグループが30年以上かけて収集したパブロ・ピカソのセラミック作品を主に所蔵する。ピカソは第二次世界大戦後にセラミック作品の制作をスタート。1973年に逝去するまで、数千点にものぼる作品を生み出したという。同館では大皿やオブジェなどの多岐にわたるコレクションを、毎回テーマを設けた企画展で公開している。

アート鑑賞のあとは、併設のカフェへ。ヨックモックならではのスイーツを楽しもう。

展示室の一角には、アトリエをイメージした写真スポットも

1

3

2

☆ ☆ ☆

ヨックモックならではのカフェでラテアートを体験

企画展を楽しむだけでなく、アートな体験ができるのもヨックモックミュージアムの魅力。カフェでは気軽にアートを体験できるメニューが用意されている。ラテアートができるもの、色塗りなどのクラフト体験ができるものなどさまざま。ヨックモックグループ内のハイエンドパティスリーブランド・アン グランのスイーツも味わえる。

カフェ ヴァローリス

㊐03-3486-8000 ㊊11:00～17:30（16:30LO）
㊡ヨックモックミュージアムに準ずる

1 ラテアートが体験できるart for latte1200円は、ヨックモックのプティ シガール付き　2 展示室を介さずカフェのみでも利用可能　3 アン グランの代名詞であるミニサイズのケーキ、ミニャルディーズはミュージアム限定品も

展示室は一部を除き撮影がOK

☆ ☆ ☆

ピカソ後年の貴重なセラミック作品を鑑賞

恋人とともに南仏に移住したピカソは、動物や植物などをモチーフとした多幸感あふれるセラミック作品を制作したという。なかでもピカソとの契約によって、複数制作されたものは「エディション」と呼ばれ、同館ではそれらを中心とした世界有数のコレクションを公開している。企画展では、ピカソの貴重な版画ポスターが公開されることも！

パブロ・ピカソ《牧神パンの頭部》1947-10-11
©2024 – Succession Pablo Picasso – BCF(JAPAN)

3

2

1

1.2 館内のサインは東京オリンピックのピクトグラムを担当したグラフィックデザイナー・廣村正彰によるデザインで、京都の陶芸作家・荒木漢一が制作　3 館内には中庭があり、まるで邸宅のようなくつろげる空間も魅力

1

3　2

4

☆ ☆ ☆

ピカソ作品をモチーフにした ミュージアムグッズが素敵！

ミュージアムショップはカフェの一角にある。ピカソの絵をプリントしたマグカップ、ピカソ本人をアイコンとしたステーショナリーなど、関連グッズが多彩にそろっている。プティ シガールやドリップバッグコーヒーなど、ミュージアム限定アイテムも要チェック。ショップスペースの隣には、ピカソの画集などを読めるライブラリーがある。

1 ミュージアムショップだけでも利用できる　2 ヨックモックのプティ シガールが入った「ヴァローリス」缶1350円。ピカソの版画をプリントしたオリジナル缶入り　3 指を入れて遊ぶピカソマグネティックパペット1100円　4 ライブラリー

ヨックモックミュージアム

㊟ 港区南青山6-15-1　㊟ 03-3486-8000
㊟ 10:00～17:00（最終入館16:30）
㊡ 月曜（祝日の場合翌平日）、展示替え期間　¥ 1200円
㊟ 各線表参道駅B1出口から徒歩約9分

CHECK グッズはP.165もチェック

MUSEUM COLUMN 4

パブリックアートを探す！

街なかや商業施設など、屋外や公共の場に置かれたユニークなモニュメントが東京には多数！ アートな街に溶け込むパブリックアートを探しに行こう。

虎ノ門ヒルズ

ジャウメ・プレンサ
《ルーツ》

光に透ける巨大な人型彫刻

高さ10ｍの巨大彫刻は、スペイン人で世界的アーティストのジャウメ・プレンサによるもの。膝を抱えて座る人を表現している。

世界の8言語の文字をかたどった金属でできている

銀座 数寄屋橋公園

岡本太郎
《若い時計台》

今も時を刻む岡本太郎のオブジェ

《太陽の塔》にそっくり。昭和41（1966）年に作られた。写真提供：一般社団法人中央区観光協会

渋谷駅

岡本太郎
《明日の神話》

行き交う人々を見守る渋谷のシンボル

岡本太郎による巨大壁画。《太陽の塔》と同時期の1960年代に制作された代表作で、渋谷駅の連結通路にある。

六本木ヒルズ

ルイーズ・ブルジョワ
《ママン》

10ｍの巨大クモのオブジェ

66プラザにある、リアルなクモのオブジェは高さ約10ｍ。クモの足の下に入って見上げると、お腹の下に大理石の卵を抱えているのが分かる。

東京オペラシティ

ジョナサン・ボロフスキー
《シンギングマン》

東京オペラシティを見守る“歌うオブジェ”

5層吹き抜けの外部空間にある6.6ｍの彫刻で、口が動き空に向かって歌う。歌声は作家自身のもの。

アントニー・ゴームリー
《TWO TIMES（Ⅱ）》

オフィスビルに静かに佇む人体像

エレベーターホールに設置されているのは、作家自身の人体彫刻！

三沢厚彦《Animal 2017-01-B2》
2017-2019年

ジム・ダイン
《展望台》
1990年

舟越桂
《私は街を飛ぶ》
2022年

＼ パブリックアートが並ぶ！ ／

丸の内ストリートギャラリー

丸の内仲通りを中心に、近代彫刻や世界で活躍する現代アーティストの作品が点在。昭和47（1972）年からスタートし、数年に一度作品の入れ替えを行う。

㊟ 丸の内仲通り　㊋ 見学自由

①

気になるテーマ別
この美術館に行きたい！

TOKYO MUSEUM GUIDE
LET'S GO TO SPECIAL MUSEUM

いざ、現代アート！

気鋭の現代アーティストの作品や、
最新技術のデジタルアートなどなど。
新鮮なオドロキに出合えるミュージアムへ。

no. 19

森ビル デジタルアート ミュージアム：エプソン チームラボボーダレス

神谷町

幻想的な作品世界に没入する

お台場で人気を博したチームラボボーダレスが、2024年に人気複合施設・麻布台ヒルズに移転オープンした。約7000㎡もの広大な施設に、デジタル技術を駆使した作品の数々が展開されている。「Borderless」の名の通り、すべての作品が境界なくつながっているのが最大の特徴。動き出す作品に誘われて館内をさまよい、自らもアートの一部と一体となるような没入感を楽しめる。

　移転前からの人気作品はもちろん、光による巨大な彫刻「Light Sculpture」シリーズなど、新作も登場しパワーアップしている。

チームラボ《Bubble Universe: 光の球体結晶、ぷるんぷるんの光、環境が生む光 - ワンストローク》

無数の光る球体群に囲まれる《Bubble Universe》。時間により色が変化する幻想的な空間

館内に入ってすぐの最初の部屋には「さまよい 探索し 発見する」の文字が

チームラボ《Walk, Walk, Walk》

☆ ☆ ☆

館内を自在に移動する“境界のない”アート

コンセプトは「地図のないミュージアム」。全体で70以上の“境界のない”アートが作品空間を出て移動し、他の作品と影響しあい、時には混ざり合う。見学順路や館内のガイドマップはないので、好奇心のおもむくままミュージアム内の探索を楽しもう。時間帯や季節により変化する作品もあるので、何度訪れても楽しめる。

チームラボ《花と人、コントロールできないけれども共に生きる – A Whole Year per Hour》

チームラボ《人々のための岩に憑依する滝》、《花と人、コントロールできないけれども共に生きる – A Whole Year per Hour》

チームラボ《中心も境界もない存在》

チームラボ《Walk, Walk, Walk》

☆ ☆ ☆

追いかけて、触れる！アートの世界に飛び込む

鳥獣戯画がモチーフの《Walk, Walk, Walk》は、カエルやうさぎに触れるとこちらを振り向くというユニークな仕掛けが。水紋のような《中心も境界もない存在》は、手を触れたところから模様が変化していく。同じ状態は二度と見ることができないので、移動する作品を追いかけ“アートと遊ぶ”感覚を楽しんで。

チームラボ《花と共に生きる動物たち》、《追われるカラス、追うカラスも追われるカラス：境界を越えて飛ぶ》

チームラボ《スケッチオーシャン》

1

☆ ☆ ☆

自分が描いた魚が泳ぐ キッズに人気の体験ルーム

《スケッチオーシャン》は、クレヨンで自ら色を塗った魚が、作品の中を泳ぎ出すというチームラボの人気作品。自分の作品が動き出すという感動を味わえる。誰でも参加でき、紙にお手描きするだけなので、小さな子どものいるファミリーにも好評。世界各地にある別のチームラボのミュージアムから、国境を超えて泳いできた魚が現れることも！

2

3

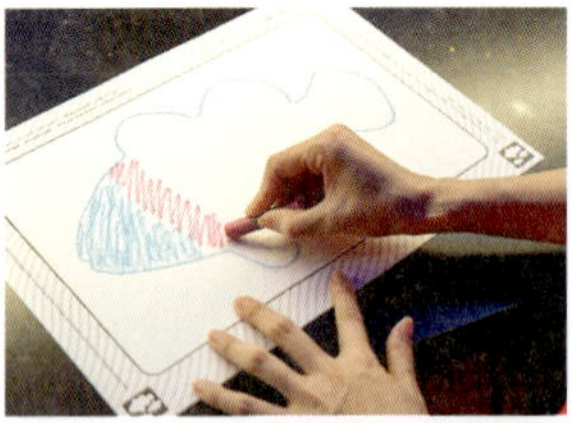

4

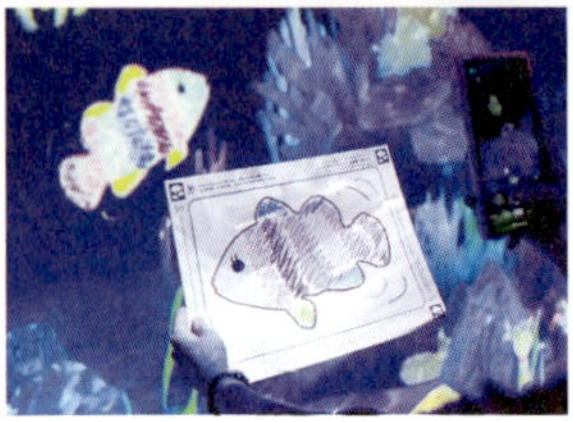

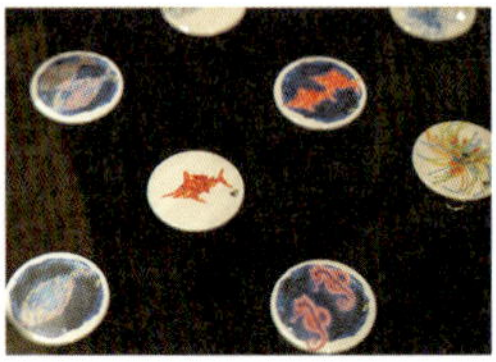

6 5

1 作品空間全体がみんなが描いた魚たちが泳ぐ海になっており、海の中を泳いでいるような感覚に 2 自分の作品を探して追いかけるのが楽しい！ 3 数種類から好きな魚を選んで、好みの色でデコレーション 4 完成した絵をスキャンすると、海の中に現れる 5.6 自分が書いた絵を缶バッジやTシャツにプリントして記念に持ち帰ることもできる。缶バッジ400円、Tシャツ4000円

1

チームラボ《小さきものの中にある無限の宇宙に咲く花々》、《茶の木》

2

1 凍結抹茶ココナッツ（抹茶とココナッツミルクのジェラート）とお茶のセット1300円　2 壁には刻々と変化する作品《円相 - Gold Light》が

EN TEA HOUSE - 幻花亭

㊡ 10:00～21:00（LO20:30）　㊡ 施設に準ずる

☆ ☆ ☆

器の中に花が咲く アートなティーハウス

「EN TEA HOUSE - 幻花亭」は、アートを体感できるティーハウス。店内には、禅における書画のひとつ「円相」をモチーフにした作品が描かれている。ドリンクやスイーツがテーブルに提供されると、カップの中に花や草木の作品が現れるという驚きの体験が！ さらにカップを手に取ると花びらが散るなど、変化する作品を楽しめる。メニューは茶葉ブランドEN TEAとコラボしたライスミルクのラテやヴィーガンジェラートなど。

チームラボ《人間はカメラのように世界を見ていない》

森ビル デジタルアート ミュージアム：エプソン チームラボボーダレス

もりビル デジタルアート ミュージアム：エプソン チームラボボーダレス

㊟ 港区虎ノ門5-9 麻布台ヒルズ ガーデンプラザB B1F
㊣ 03-6230-9666　㊏ 9:00～21:00（最終入館20:00）　㊡ 不定休
㊎ 3800円～　㊂ 日比谷線神谷町駅5番出口から 徒歩約2分

no.20

草間彌生美術館

早稲田・神楽坂

カラフルな水玉の世界へ！

日本を代表する前衛芸術家、草間彌生が２０１７年に設立した新宿区弁天町にある美術館。

草間彌生が設立した一般財団法人草間彌生記念芸術財団が運営する美術館で、初期の主要作品から完成したばかりの最新作、アート作品以外の関連資料まで、草間彌生の世界を余すことなく楽しめるスポットとなっている。

美術館の建物は地上5階建てのコンパクトな空間。年に約2回の展覧会（事前予約制）で、テーマに沿って作品を展示する。最上階の屋外スペースには代名詞とも言える水玉のカボチャが展示されることもあり、ユニークな展示空間も魅力だ。

ステンレス製の立体作品
《PUMPKIN》（2015年）

☆ ☆ ☆

草間彌生の世界に浸れるミュージアム!

建物に入ると目に飛び込んでくるのは、色鮮やかな水玉の洪水! エントランスは受付とショップスペースになっているが、ここにも展覧会に合わせた作品が展示され、壁には草間彌生からのメッセージがあるなど、これから始まるアートの旅への期待感を高めてくれる。展示内容は展覧会により異なる。

大きなバルーンのインスタレーション作品《水玉強迫》(1999年)

1F ギャラリー インスタレーションビュー／ ©YAYOI KUSAMA

1

☆ ☆ ☆

完全事前予約制の展覧会は年約２回

草間彌生美術館は、訪れたすべての人が快適に作品を鑑賞できるよう定員制になっているのが特徴。入館は日時指定の事前予約制で、チケットは美術館の公式サイトでのみ販売している。当日券はなく、日時によっては予約でいっぱいになってしまうので、早めに予約・購入しておくのがおすすめ！

1 3Fギャラリーインスタレーション・ビュー　2《少女たちの夢》（2016年）3《永遠に生きていたい》（2017年）　4ソフト・スカルプチュア作品《赤熱の海を行く》2024年

4

3

2

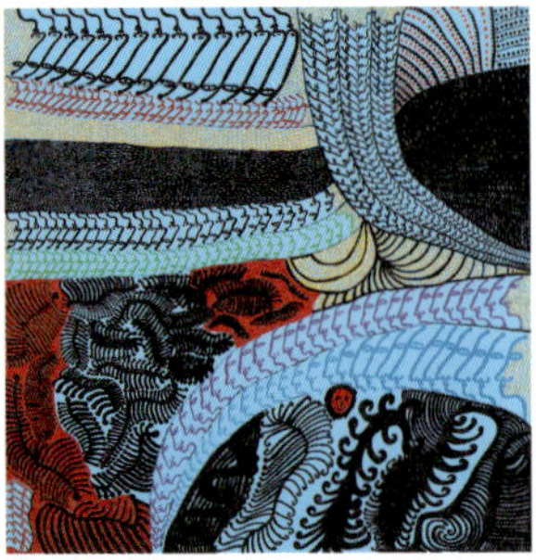

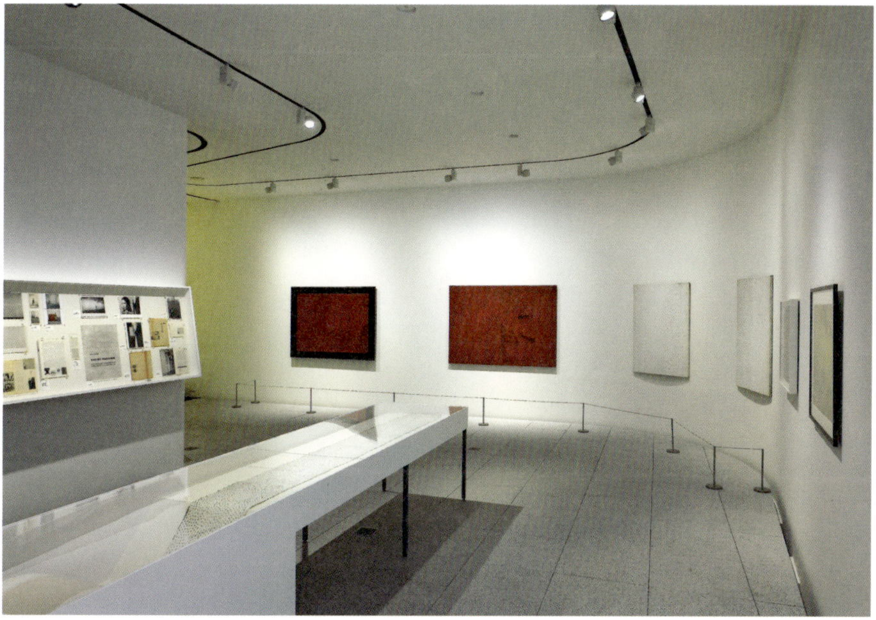

2Fギャラリーインスタレーション・ビュー　©YAYOI KUSAMA

2　1　1F外観／ ©YAYOI KUSAMA

☆ ☆ ☆

トイレもエレベーターもすべてが水玉！

展示作品は展覧会により異なるが、展示内容に関わりなく楽しめるのが建物のデザインだ。注目してほしいのは、草間彌生作品の代表的なモチーフであり、館内のいたるところで見られる水玉模様。白い網目模様が施された外観や、鏡張りのエレベーターやトイレなど、どこにいても草間彌生の世界観を感じられるようになっている。

1 白い網目模様が施されたガラス張りの外観が美術館の目印　2 展示室間の移動に使うエレベーター。赤い水玉があふれる鏡張りの空間はまさに「草間彌生ワールド」

☆ ☆ ☆

新宿区弁天町から世界へ発信

草間彌生美術館が位置するのは、新宿区弁天町。最寄り駅の早稲田駅や牛込柳町駅から美術館までの道のりは、静かな住宅街。街の雰囲気を楽しみながら、美術館を目指そう。

草間彌生美術館外観／Photo by Kawasumi-Kobayashi Kenji Photograph Office

草間彌生ポートレート／ Photo by Yusuke Miyazaki ©YAYOI KUSAMA

☆ ☆ ☆

“水玉の女王”の異名をとる現代アート界の重鎮、草間彌生

1929年、長野県松本市に生まれる。幼少期から幻視や幻覚を経験し、そこで見た網目や水玉模様をモチーフとした作品を作り始めたという。1957年に渡米し、前衛芸術家としての地位を確立。以降、世界各地の美術館で展覧会が開催されている。これまで手掛けた作品集や小説などを閲覧できるブラウジングスペースで、作家の足跡を追うことができる。

2

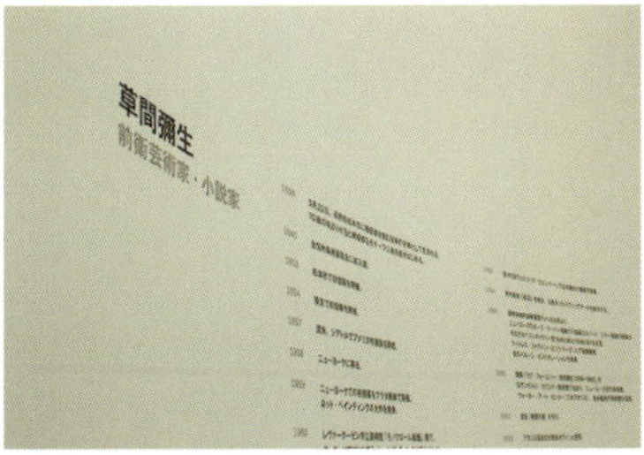

3

1

1 見学の最後に待っているのが、資料を自由に閲覧できるブラウジングスペース　2 壁には草間彌生の年表が。作家の生い立ちや創作の軌跡が分かる　3 草間彌生が手掛けた絵本や小説などを閲覧できる。展示内容は展覧会により異なる

CHECK グッズはP.165もチェック

草間彌生美術館　くさまやよいびじゅつかん

㊟ 新宿区弁天町107　㊐ なし　㊋ 11:00～17:30（日時指定・予約制）
㊡ 月～水曜（祝日は開館）　¥ 1100円（公式サイトで販売）
㊂ 東西線早稲田駅1番出口から徒歩約7分、都営大江戸線牛込柳町駅東口から徒歩約6分、東西線神楽坂駅出口2から徒歩9分

no. 21

21_21 DESIGN SIGHT

デザインの視点から展覧会を作る

六本木

無機質なイメージで美しい打
ちっぱなしのコンクリート壁

1

2

☆☆☆

三宅一生の“一枚の布”から着想を得た安藤忠雄の建築デザイン

建物の設計を手掛けたのは、建築家の安藤忠雄。巨大な一枚の鉄板を折り曲げたような屋根は、三宅一生の服づくりにおけるコンセプト“一枚の布”から着想を得ている。地上1階にショップと「ギャラリー3」、地下1階に「ギャラリー1＆2」があり、地下には、外観からは想像もつかないダイナミックで複雑な空間が広がっている。

1 2つの棟からなり、逆三角形の屋根が特徴的。もとからあったという背後のヒマラヤ杉と調和するよう、建築が造られた
2 11.4ｍの日本一長い複層ガラス

東京ミッドタウン内の緑地「ミッドタウン・ガーデン」にある21_21 DESIGN SIGHTは、世の中のさまざまなできごとやものごとをデザインを通して考え、世界に発信する展示施設。

優れた視力を表現する「20/20 Vision (Sight)」という英語をもとに、〝さらにその先を見通す場でありたい〟という思いから、その名がつけられた。「サイト」はデザインの「視点（SIGHT）」の意味を持つ。

最大の特徴は、低層建築の独特な外観はもちろん、その展覧会の作り方。こちらの施設はコレクションを持たず、展覧会はデザイナーやエンジニア、職人、企業などさまざまな立場の人が集まり、意見を交わして、一から〝デザイン〟される。美術館でもない、ギャラリーでもない、常に新しい「サイト（視点）」を提案する場を体験してみよう。

撮影：木奥恵三

1

2

☆ ☆ ☆

2人のディレクターが仕掛ける“実験的な”企画

21_21 DESIGN SIGHTは、三宅一生が創立し、ディレクターの佐藤卓、深澤直人らが中心になって企画が検討される。展示の形にセオリーはなく、人、物、概念など、生活の中にあるものからテーマが決められ、展示の内容、レイアウト、サインなどがすべて一からデザインされる。従来の美術館とは一線を画した、“新しい”展覧会が体験できること請け合いだ。

1 自然光が差し込むサンクンコートも展示のキャンバスに。「サンクン」とは、「沈んだ、一段低いところにある」という意味。企画展「Material, or 」2023年（終了した企画展）
2 階段の下にある、ほの暗い通路。こうした空間もさまざまな視点で解釈され、展示空間が造り上げられる。「虫展 ーデザインのお手本ー」2019年（終了した企画展）

入り口にある番地表示のような施設のロゴ

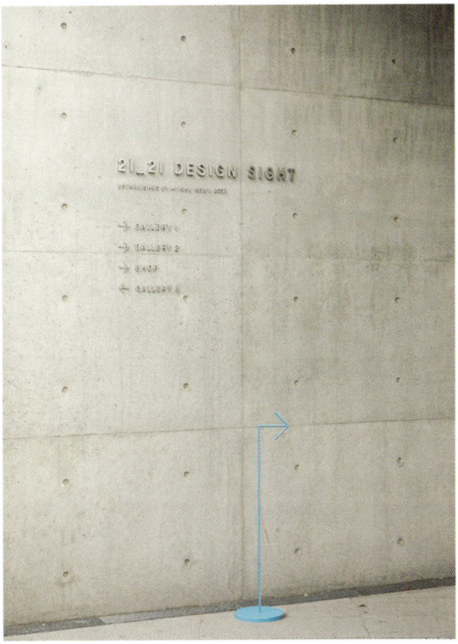

館内のサインや順路を示す矢印もすべてデザインされている

shop

館内の“サイン”がグッズに！

無料で入場できるショップスペースでは、展覧会の関連グッズや、「プロダクトロゴ」をモチーフにしたオリジナルグッズを展開している。

21_21 DESIGN SIGHTのコンクリート壁を持ち歩く。21_21ハンカチ1430円

サインをなぞって遊ぶ
21_21グラフィックプレート770円

撮影：木奥恵三

㊐㊡21_21 DESIGN SIGHTに準ずる

CHECK グッズはP.165もチェック

☆☆☆

佐藤卓デザインの「プロダクトロゴ」

１枚の鉄板から作られた施設のプレートは、21_21 DESIGN SIGHTのシンボルマーク。グラフィックデザイナー、21_21 DESIGN SIGHTの館長である佐藤卓によるデザインで、「プロダクトロゴ」と呼ばれる。館内にはほかにも矢印の上で男女が鉄棒をしているように見えるトイレサインなど、おもしろいサインがいっぱい。「視点」を変えて探してみよう。

21と21の幅は、実際の人間の目の幅になっている。「視点」の大切さを表しているという

21_21 DESIGN SIGHT　トゥーワン・トゥーワン・デザインサイト

㊟港区赤坂9-7-6　㊔03-3475-2121　㊐10:00～19:00（最終入館18:30）
㊡火曜、展示替え期間　㊎企画展により異なる
㊫都営大江戸線六本木駅8番出口直結

展示のメインとなる2階展示室。直角の壁が高い吹き抜けへのびていく

no. 22 青山

ワタリウム美術館

独自のスタイルを貫くアート発信地

☆ ☆ ☆

時代を映す存在感ある現代作家たちを独自のスタイルで紹介

コンテンポラリー・アートを中心とした国内外のアーティストを招き、展覧会を開催する。常設展はなく、企画展が行われるのは年4～5回。個性的な展示空間を利用してアーティストと美術館が作り上げる、"ここでしか見られない展覧会"が体験できる。

雨宮庸介《胡蝶の正夢》2000年
FRPにテンペラと油彩の混合技法、台座
Photo:Yasunori Tanioka

雨宮庸介《Apple》2023年
林檎材に油絵具

外苑前駅から青山キラー通りを歩いていると見えてくる、横ストライプの外観が特徴的なワタリウム美術館。

2020年に創立30年を迎えたこちらの美術館は、スイスの建築家マリオ・ボッタの設計による私設美術館として設立し、ミュージアムショップ「ON SUNDAYS（オン・サンディーズ）」が合体する形で1990年にオープンした。

その名は創業者たちの「和多利」にちなんでいる。

現代アートを軸に、建築、映像、デザインなど多彩なジャンルの企画展を行っているほか、2年に一度、ナム・ジュン・パイク、アンディ・ウォーホル、ヨーゼフ・ボイスら、創立者の和多利志津子が蒐集したアーティストたちのコレクション展『アイ・ラブ・アート展』を開催。

近年は、梅沢和木、TAKU OBATA、コンタクト・ゴンゾなど気鋭の若手アーティストをいち早く紹介している。

exhibition

雨宮庸介展｜まだ溶けてないほうのワタリウム美術館

2024年12月21日～2025年3月30日
¥ 1500円

彫刻、ドローイング、VR作品などが一堂に会する、東京で初めての個展。

「ジョン・ルーリー展」会場風景
2019年4月5日～7月7日（終了した企画展）
撮影：今井紀彰

☆ ☆ ☆

スイス建築家マリオ・ボッタが生み出した異なる3つの空間

ワタリウム美術館の敷地は三角形。この上に、スイスの建築家マリオ・ボッタによって、いわゆる"ホワイトキューブ(白い立方体)"とは違う個性的な展示空間が造られた。2～4階の展示室はフロアごとにすべて造りが異なり、建材も木やレンガなど異素材が使われている。3つの展示室を貫く吹き抜け、外階段など、建築の面白さもこの美術館の魅力だ。

白黒しましま模様の外観が特徴的。1～2階の大窓は作品の搬入口になっている

3階展示室に入ると目に入るのは、打ちっぱなしコンクリートでできた格子天井。肉眼で実際に見ると結構な迫力がある

4階展示室。レンガの壁に黒い石床が敷かれ、フローリングの2～3階とはまた趣が異なる

4階から2階の展示室を見下ろす。4階までの移動は、外階段を使ってみるのもおすすめ

※P.124、126の展示風景：「ロイス・ワインバーガー展」2019年7月13日～10月20日（終了した企画展）

3

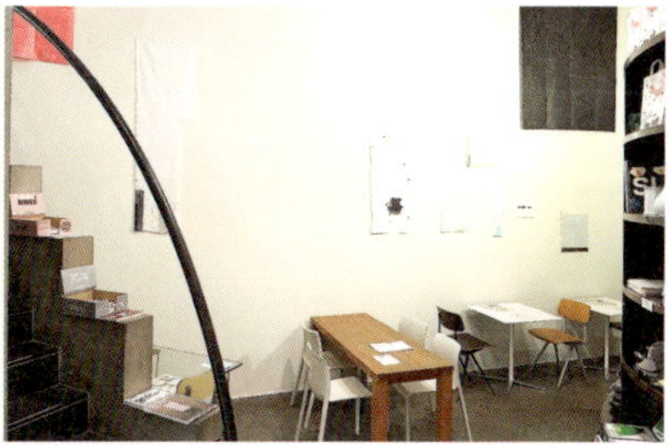

1

2

1 1階から地下へ降りる階段の途中にあるカフェ。コーヒーや季節のケーキをいただきながらちょっとブレイク。夏はかき氷が人気　2 パウンドケーキはレモン、バナナ、抹茶あずき、塩バターキャラメルなど5種。各300円　3 アート、写真、建築などの本が所狭しと並ぶ地下フロア

☆ ☆ ☆

美術書・アート雑貨が勢ぞろい カフェも併設した ミュージアムショップ

1階と地下には、美術館建設前からこの地にあった雑貨店・書店の「ON SUNDAYS」がある。店内にはアーティストとコラボしたおしゃれグッズや、マニアの心をくすぐるディープな雑貨、書籍がずらり。地下スペースの一部には、カフェやギャラリーも！

1 デヴィッド・シュリグリートートバッグ「I LOVE BROCCOLI」3800円　2 オリジナル・マグカップ「宮入圭太」6000円　3 インドマーブル・レターセット550円

ON SUNDAYS（オン・サンデーズ）

㊐ 03-3470-1424　㊋ 11:00〜20:00　㊡ 無休

1

2

3

ワタリウム美術館　ワタリウムびじゅつかん

㊟ 渋谷区神宮前3-7-6　㊐ 03-3402-3001　㊋ 11:00〜19:00　㊡ 月曜（祝日の場合開館）
¥ 展覧会により異なる　㊋ 銀座線外苑前駅3番出口から徒歩約8分

MUSEUM COLUMN 5

アートイベント開催レポ！

アーティストやキュレーターなど専門家たちがさまざまな切り口で作品を紹介するアートイベント。都内の大規模イベントの開催の様子がこちら！

ART WEEK TOKYO

アートウィーク東京

Photo by Kei Okano. Courtesy Art Week Tokyo.

都内の美術館・ギャラリーを無料シャトルバスでつなぐアートの祭典。2024年は53の施設が参加し、大倉集古館での展示作品を買える展覧会「AWT FOCUS」、映像作品プログラムの「AWT VIDEO」など、ユニークな企画を通して東京の現代アートを紹介。

建築×食×アートのコラボレーション

「AWT BAR」では、ランドスケープアーキテクト・戸村英子が設計を手掛け、青山「EMMÉ」の延命寺美也がフードを担当した。

©eiko tomura landscape architects.
Courtesy Art Week Tokyo.

Photo by Kei Okano. Courtesy Art Week Tokyo.

アートスペース巡り

参加美術館・ギャラリー、プログラム会場をめぐるAWT BUSは、乗り降り自由で無料の巡回バス。アート尽くしの一日を気軽にどうぞ。

Courtesy Art Week Tokyo

映像作品を鑑賞

参加ギャラリーのアーティストによる映像作品を上映するビデオプログラム。海外を拠点に活躍するキュレーターがセレクトする。

ART FAIR TOKYO

アートフェア東京

2024年で18回目を迎えた日本最大級のアートフェア。日本だけでなく世界の優れたギャラリーが150軒以上参加した。国内外の有名作家らの作品約3000点を展示・販売。ジャンル・時代ごとに作品を見て回ることができる。

現代美術

美術館クラスの作品も出品されるなど、海外のギャラリーでも話題に。現役で活躍するアーティストたちの新作も多数。

工芸

若手陶芸家や海外の作家から、骨董品まで、13軒のギャラリーが多岐にわたる工芸品を公開し注目を集めた。

2024年開催時の情報です。次の開催概要については公式サイトをチェック。

①

気になるテーマ別
この美術館に行きたい！

TOKYO MUSEUM GUIDE
LET'S GO TO SPECIAL MUSEUM

☆ ☆ ☆

あの芸術家の世界へ。

館内のすべてに、芸術家の思いが
こもっている。あの芸術家の世界観に
どっぷり浸れるミュージアムに行こう。

no. 23

両国

すみだ北斎美術館

浮世絵師・葛飾北斎の魅力を発信する

両国駅から錦糸町へのびる大通り「北斎通り」。かつて割下水《わりげすい》と呼ばれる水路があり、葛飾北斎はこの付近で生まれ、幼少期を過ごした。この北斎通り沿いに、すみだ北斎美術館は建っている。

北斎は江戸時代後期の浮世絵師で、世界的にも著名な芸術家のひとり。90歳で没するまで読本挿絵、錦絵、肉筆画などに優れた作品を残した。

19歳の頃に役者絵で人気の勝《かつ》川《かわ》春章《しゅんしょう》に弟子入りし、「勝川春《しゅん》朗《ろう》」としてデビュー。勝川派を離れた後は「俵屋宗理《たわらやそうり》」「北斎辰政《ときまさ》」など画号を次々変え、独自の画風を確立していった。

2016年にオープンしたすみだ北斎美術館は、北斎の一大コレクターとして知られるピーター・モースと、浮世絵研究者・楢崎宗重《ならざきむねしげ》のコレクションを有する北斎専門の美術館。年間4回の特別展や企画展で北斎のオリジナル作品を展示するだけでなく、AURORA(常設展示室)では、北斎の生い立ちや、その人となりが分かるエピソード、北斎と「すみだ」との関わりを発信している。

代表作！
HOKUSAI KATSUSHIKA

荒れ狂う波の向こうに富士山の姿。動と静、遠と近の対比が鮮明に描かれている

葛飾北斎「冨嶽三十六景 神奈川沖浪裏」すみだ北斎美術館蔵

※展示作品は展覧会により異なる。また、本文中に出てくる北斎の年齢表記は数え年

葛飾北斎「冨嶽三十六景 凱風快晴」すみだ北斎美術館蔵

代表作!
HOKUSAI KATSUSHIKA

いわし雲たなびく清々しい快晴の日の富士山の姿。通称「赤富士」と呼ばれている

☆ ☆ ☆

幼い頃から絵に親しんだ北斎の感性とその人生

6歳の頃から物を写生する癖があったという北斎は、幼い頃には貸本屋で働きながら挿絵を眺め、14歳の頃には木版彫刻の職人として生計を立てながら絵師になることを夢見ていたという。すみだ北斎美術館では錦絵や肉筆画など、北斎や弟子の作品を中心に約2200点を所蔵している。(2024年4月現在)

1

葛飾北斎「四代目岩井半四郎　かしく」
すみだ北斎美術館蔵

2

葛飾北斎「朱描鍾馗図」
すみだ北斎美術館蔵

1 安永7(1778)年、勝川春章に入門した翌年に発表した北斎の錦絵デビュー作のひとつといわれる作品　2 流行病の疱瘡除けの願いを込めて制作されたといわれる北斎数え87歳の作品

黒で統一された空間に、習作の時代から晩年までの代表作の実物大高精細レプリカが展示されている　撮影：尾鷲陽介

☆☆☆

“北斎”の名は北極星に由来 常設展示室「AURORA（オーロラ）」

AURORA（常設展示室）は、全体で“北斎の宇宙”を表現しており、生涯を追いかけながら作品の変遷をたどることができる。「習作の時代」「錦絵の時代」など、6つの時代に分かれ、各時代の代表作の実物大高精細レプリカを展示。北斎のアトリエの再現模型では、北斎・娘のお栄（応為）の人形展示が見られるコーナーもある。

この世の森羅万象を描きつくそうとした「北斎」そのものをイメージしている

葛飾北斎「須佐之男命厄神退治之図」（推定復元）すみだ北斎美術館蔵　企画制作：墨田区、すみだ北斎美術館、制作：TOPPAN株式会社

☆ ☆ ☆

約100年ぶりの復活「須佐之男命厄神退治之図」（推定復元）

こちらで鑑賞できるメインの作品のひとつが、北斎晩年の最大級の傑作といわれる「須佐之男命厄神退治之図」（推定復元）。北斎が墨田区内にある牛嶋神社に奉納した大絵馬で、関東大震災の時に焼失したが、残された白黒写真をもとに、2016年、最新のデジタル技術で原寸大・当時の彩色で推定復元することに成功した。開館以来、AURORA（常設展示室）に常設展示されている。

2

撮影：尾鷲陽介　1

1 細かな描写を4Kのタッチパネルで拡大して見られるコーナーも　2 人物や風俗、動物などあらゆるものを描いた『北斎漫画』は、北斎が地方の弟子たちに教えるための絵手本として刊行された

☆ ☆ ☆

タッチパネルなどで北斎をより深く知る！

AURORA（常設展示室）には、タッチパネルに触って『北斎漫画』などの絵手本をゲーム感覚で学べる「北斎絵手本大図鑑」や、北斎が作品に描いた地や住んだゆかりの場所をインタラクティブマップで見られる「北斎ゆかりの地探訪」などがある。

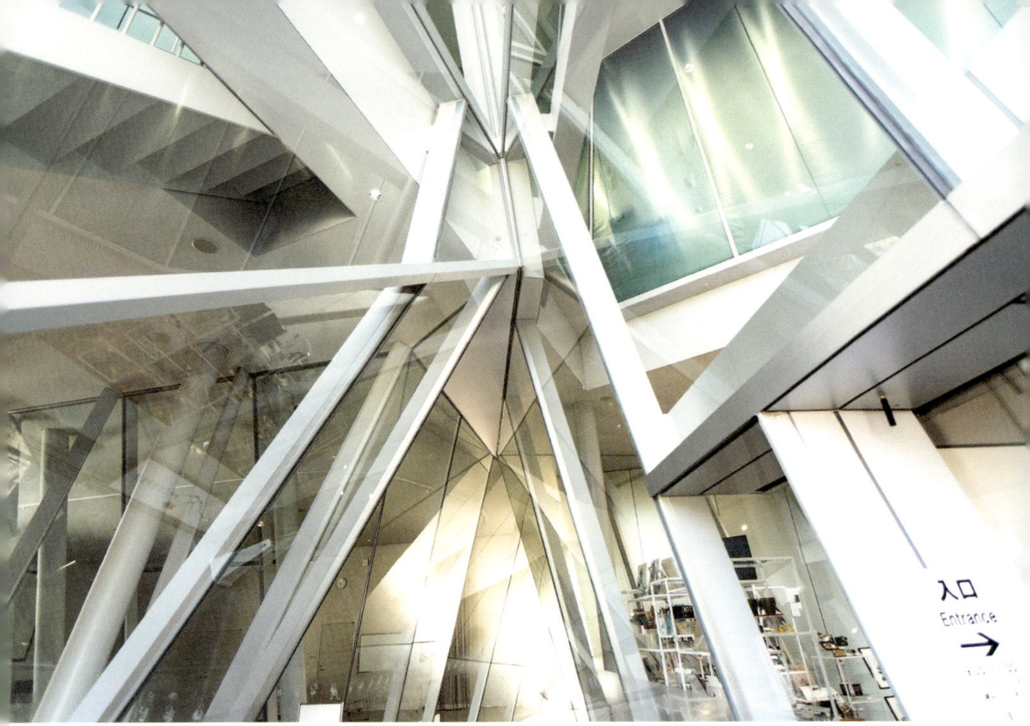

1階の外通路から天井を見上げると、外観のイメージとは違う万華鏡のような景色が

☆☆☆

下町の風景を映し出す 鏡面アルミパネル 通路は万華鏡のよう

ところどころにスリットが入った建物は、全面シルバーでスタイリッシュな外観。外壁に景色が映り込み、周囲に溶け込んだデザインになっている。設計は世界的な建築家・妹島和世。建物は3階からひとつに繋がるが、1階部分は四方から入ったスリットが通路になっていて、どこからでも自由に通り抜けができる面白い空間になっている。

1

3 2

1建物外観。全体が淡い鏡面アルミパネルの外壁で覆われており、存在感はありながら、空や周りのビル、公園に溶け込んでいる　2見る角度によっては建物に映った東京スカイツリーの姿が見える！　3立つ場所によって、全く違う景色が見える

1

1展覧会の関連グッズや図録などもここで手に入る　2「冨嶽三十六景」から「神奈川沖浪裏」と「凱風快晴」をモチーフにした漆紙製箱入り扇子各2420円　3北斎屏風や江戸切子のグラスなど、すみだの職人が手掛けた工芸品もずらり

3

2

☆ ☆ ☆

コミカルで楽しい北斎グッズがいっぱい

1階エントランスにあるミュージアムショップには、『北斎漫画』や「冨嶽三十六景」をモチーフにしたお菓子や雑貨、ステーショナリーなど北斎に関する楽しいグッズがいっぱい。そのほか、「ものづくりのまち」として知られる墨田区ならではの工芸品や特産品も取り扱っており、自分みやげにぴったり！

㊋㊡すみだ北斎美術館に準ずる

CHECK グッズはP.165もチェック

1

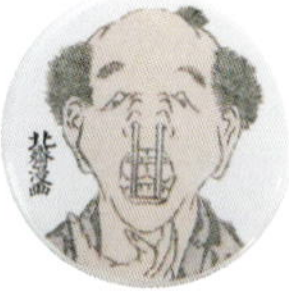
2

3

1オリジナルポストカード立て798円　2『北斎漫画』変顔缶バッジ330円　3区内町工場からの端材を活用し福祉作業所でハンドメイドされた彩糸のブローチ1320円

すみだ北斎美術館　すみだほくさいびじゅつかん

㊟墨田区亀沢2-7-2　㊒03-6658-8936　㊋9:30～17:30（最終入館17:00）
㊡月曜（祝日の場合翌日）　¥展覧会により異なる、AURORA（常設展示室）400円など
㊌JR総武線両国駅東口から徒歩約9分

no. 24 ちひろ美術館・東京

下石神井

ほっこりできる〝ちひろ〟の世界へ

1971年の作品《赤い帽子の男の子》の巨大パネル　※展示風景は全て2019年秋の展覧会

作品のレイアウトも展覧会ごとに変わる。館内にはちひろ愛用のソファも

☆ ☆ ☆

いつ訪れても楽しい
コラボ企画が魅力

ちひろの作品は年に3～4回行われる展覧会で展示される。毎回テーマが異なり、写真家、建築家、詩人などがちひろの作品とコラボすることも。ユニークかつ斬新な企画で、ちひろの世界観を表現している。月に2回の絵本の読み聞かせや親子で参加できるワークショップなど、イベントも多彩なので、何度でも訪れたくなる。

閑静な住宅街に佇むその美術館は、絵本作家いわさきちひろのアトリエ兼住居跡に建てられた絵本美術館。

鋭い観察力と精度の高いデッサン力で描かれた9600点もの作品のなかには、ちひろというフィルターを通してあらゆる子どもの表情が表現されている。淡く繊細なタッチの作品の数々が、訪れた人の気持ちをほっこりと穏やかにしてくれる。

画家を専業とする以前、戦後間もない日本で「人民新聞」の記者として活動していたちひろ。絵画だけでなく、戦中・戦後と苦難の時代を生き抜いたちひろならではの心情豊かな「ことば」も展示されるなど、あらゆる角度からいわさきちひろの世界に浸ることができる。館内には図書室や中庭を望むカフェもあり、のんびりと安らげる憩いの場になっている。

企画展に合わせたワークショップが行われる

子どもたちの顔が収められた箱の中に短いことばが添えられている

☆ ☆ ☆

館内に昭和47(1972)年頃のちひろのアトリエを再現

展示室の一角にはちひろのアトリエを復元したスペースが。家具や作画の道具、本棚までもが忠実に再現され、まるでちひろが今も創作を続けていそうな、ノスタルジーを感じさせる空間になっている。ちひろの生い立ちが分かる年表のほか、生前着ていた服なども展示され、ちひろの自宅を訪れたような気分になれる。ちひろのことば「大人になること」も展示されている。

代表作 !
CHIHIRO IWASAKI

ミュージアムショップでは「ことりの くるひ」など、ちひろの代表作の絵本も購入できる

1

3 2

☆ ☆ ☆

絵本の読み聞かせができる図書室や「こどものへや」も

ちひろ美術館は世界初の絵本美術館といわれている。2階には図書室があり、国内外の絵本約2000冊をはじめ、ちひろに関する本、ちひろが生きた時代を知る本、子どもの幸せや平和に関する本が並ぶ。開館以来40年以上、来館者が記した300冊を超える感想ノートも製本されて置かれ、自由に読めるようになっているのがユニーク。

1小さい子どもを遊ばせることができる「こどものへや」 2来館者の感想ノート「ひとことふたことみこと」 3図書室にはイスやテーブルも

1

1中庭を眺めながらゆっくり過ごせる絵本カフェのテラス　2館内の廊下などから四季の花が咲く小さな中庭を眺めることができる　3 2階の廊下にあるイスからも中庭を見下ろせる

3　2

shop

雑貨からお菓子まで！かわいいちひろグッズを買える

美術館内にはショップも併設。グルメみやげからステーショナリーまで幅広い品ぞろえのちひろグッズが。

りんごの天使
（アップルパイ）928円

CHECK グッズはP.165もチェック

☆☆☆

カフェやちひろの庭など館内でくつろぎタイム

1階には、緑の芝生がのどかな庭を望む絵本カフェがあり、スイーツやドリンクなどを提供している。美術館のチケットを購入した人のみが利用できるので、静かでくつろげる空間が魅力だ。美術鑑賞の休憩に、温かみのある木のイスでくつろぐのもおすすめ。

ちひろ美術館・東京　ちひろびじゅつかん・とうきょう

㊟ 練馬区下石神井4-7-2　㊫ 03-3995-0612
㊋ 10:00～17:00（最終入館16:30）　㊡ 月曜、展示替え期間、2月
¥ 1200円　㊦ 西武新宿線上井草駅北口から徒歩約7分

no.25

岡本太郎記念館

青山

エネルギーにあふれた強烈な色の世界

「芸術は爆発だ！」の名言でおなじみの芸術家・岡本太郎。明治44（1911）年に漫画家の岡本一平、小説家の岡本かの子の間に生まれ、10代後半にパリへ留学。ピカソと出会い、抽象絵画の道を志すことを決意した後、《太陽の塔》をはじめとする数々の傑作を生み出した。

岡本太郎記念館は、太郎の没後、自宅を利用して1998年に開館。絵を描き、彫刻と格闘した〝制作の現場〟に今も満ちている、太郎のエネルギーを感じに行こう。

代表作！
TARO OKAMOTO

《太陽の塔》と目が合った。館内外にはさまざまな太郎の作品が展示されている

来客用の応接室。《坐ることを拒否する椅子》などの代表作や、太郎の等身大マネキンが並んでいる

☆ ☆ ☆

太郎が40年以上暮らした住居兼アトリエ

戦前、両親が住んでいた土地に建てられた住居兼アトリエ。昭和29（1954）年に建造され、設計はル・コルビュジエの愛弟子で建築家の坂倉準三。太郎は84歳で亡くなるまでの約42年間をこの家で過ごした。アトリエや応接室は当時のまま残され、太郎の面影を感じる絵筆やキャンバス、作品の数々が所狭しと展示されている。

太郎が実際に使っていた絵筆たち

アトリエの大きな窓は安定した採光のため、北側につけられた

「太郎の庭」に生息する作品たち。ふと上を見上げると、2階のベランダから手すりに手をかけてこちらを覗き込んでいる《太陽の塔》が

☆ ☆ ☆

ひそひそ声が聴こえてきそうな 原始の趣が漂う「太郎の庭」

庭にはバショウやシュロの木などの熱帯植物が生い茂り、植物の隙間のそこかしこから太郎の作品が顔を覗かせている。目に大きな穴が開いた犬のような彫刻は《動物》、金色に輝く大きな太陽のオブジェ《若い太陽》など…まさに"太郎ワールド"全開だ。

太郎とピカソの共通点はどちらも「子どもであれ」と言ったこと。その言葉は作品にも表れている

☆ ☆ ☆

「芸術は爆発だ！」 ピカソを超えようとした男

21歳の時、パリの画廊で太郎はパブロ・ピカソの作品《水差しと果物鉢》を見て強い衝撃を受け、ピカソと同じように自身の哲学を作品に反映させるような作品づくりに取り組むようになった。ピカソを偉大な存在と認めながらも、その存在を「超える」という意志を持ち続けることが、作品づくりの大きな原動力になっていた。

2

3

1

1 かわいい内装の店内　2 パンケーキセット1950円～（右手前）、ケーキセット1950円～　3 窓から「太郎の庭」を眺められる。天気のいい日はテラス席もおすすめ

☆ ☆ ☆

料理研究家・大川雅子の“やみつき”焼き菓子

強烈な太郎ワールドに浸った後は、記念館に併設されているカフェ「a Piece of Cake」でひと休み。入り口が別々なので、カフェのみの利用も可能。こちらは料理研究家・大川雅子さんがオーナーを務めるお店で、ベーシックなパンケーキをはじめ、チーズケーキやアップルパイなど素朴ながら、絶品のケーキとコーヒーでティータイムが満喫できる。

a Piece of Cake（ア・ピース・オブ・ケーク）

㊋ 11:00～17:30（17:00LO）
㊡ 火・水曜、不定休あり

記念館の正面。積み上げたブロック壁の上に、凸レンズ形の屋根が載っている

岡本太郎記念館　おかもとたろうきねんかん

㊟ 港区南青山6-1-19　㊊ 03-3406-0801
㊋ 10:00～18:00（最終入館17:30）　㊡ 火曜（祝日の場合開館）
㊎ 650円　㊋ 銀座線・千代田線・半蔵門線表参道駅A5出口から徒歩約8分

1

no. 26

台東区立朝倉彫塑館

谷中

近代日本を代表する彫刻家の家

朝倉彫塑館は、彫刻家・朝倉文夫の住居兼アトリエだった建物を美術館として公開する施設。敷地全体が国の名勝に指定されている。

設計は朝倉が自ら手掛け、真ん中に配された中庭をはじめ、室内の採光や調度品の選択に至るまで「普請道楽」といわれるほど細かくこだわって造られている。

朝倉文夫は日本の彫刻界をリードし、彫刻家として初めて文化勲章を受章した人物。ありのままを忠実に再現する「自然主義的写実」を貫き、代表作《墓守》や、《大隈重信像》など数々の作品を制作した。

3

2

1昭和10（1935）年に建てられたアトリエ棟。制作に使われる電動昇降機が設置されている　2天井まで届く書棚には貴重な蔵書がぎっしり　3大の猫好きだった朝倉は多い時で10匹以上の猫を飼っていたという。随所に猫の作品が展示されている

1

☆ ☆ ☆

朝倉自らが設計したアトリエと自宅

3階建てコンクリート造のアトリエ棟、2階建て木造数寄屋造の住居棟からなる建物は、いわば館そのものが朝倉の作品。自室の壁には藁を混ぜた繊維壁、客間として使われたアトリエ棟3階の「朝陽の間」は瑪瑙《めのう》を砕いて塗った瑪瑙壁など、壁材ひとつとっても部屋の用途や趣によってさまざまなこだわりを見せている。

2

1建物に四方を囲まれた中庭。建物のどこからでも景色を楽しめる　2住居棟1階の和室。朝倉は生活の大半をこの部屋で過ごしていた

代表作 !

FUMIO ASAKURA

明治43（1910）年に制作された《墓守》。朝倉の作風を確立させることになった記念碑的作品

屋上庭園には《砲丸》《ウォーナー博士像》などの作品がさりげなく置かれている

☆ ☆ ☆

オリーブの木がそよぐ屋上庭園

屋上には大きなオリーブの木がある庭園がある。ここは、"自然観照の目を養うには、実際に植物の世話をして土に親しむべし"という朝倉の考えのもと、朝倉彫塑塾の園芸実習のために造られた場所。今もバラを植えた花畑や季節の野菜を育てる菜園が設えられ、手入されている。眺めも素晴らしく、遠くには東京スカイツリーの姿も。

台東区立朝倉彫塑館　たいとうくりつあさくらちょうそかん

CHECK グッズはP.165もチェック

㊟ 台東区谷中7-18-10　㊫ 03-3821-4549　㊕ 9:30〜16:30（最終入館16:00）※入館時には靴下着用
㊡ 月・木曜（祝日の場合翌日）、展示替え期間　㊎ 500円　㊖ JR日暮里駅北改札西口から徒歩約5分

MUSEUM COLUMN 6

美術館のディナーが素敵

美術館に併設されたレストランは要チェック！ そこだけ訪れても価値がある、「おまけ感ゼロ」の人気店をご紹介。

有名シェフのレストラン

気軽に楽しめるフレンチ名店の味！

ブラッスリー ポール・ボキューズ ミュゼ

国立新美術館 CHECK P.22

フランス・リヨンにある世界最高峰のレストラン「ポール・ボキューズ」の日本におけるブラッスリー第一号店。

円錐形の個性的なフロアも魅力

建築家・黒川紀章が設計を手掛けた国立新美術館内にある。ディナーはフランス料理のコースやアラカルトを用意

展覧会とコラボレーションしたメニューも随時登場する。アラカルトは前菜2750円～、メイン3650円～など

ブラッスリー ポール・ボキューズ ミュゼ (住) 国立新美術館3F (電) 03-5770-8161 (時) ランチ11:00～14:00LO、ディナー16:00～21:00 (19:30LO) (休) 火曜 (祝日の場合翌日)
MENUディナーコース4840円

フレンチの巨匠がプロデュース

レストラン「ラー・エ・ミクニ」

東京国立近代美術館 CHECK P.64

日本におけるフランス料理の第一人者、三國清三氏の名を冠するレストラン。「フレンチとイタリアンの融合」をコンセプトに供される皿の数々は、見た目も芸術の域。

メニューはコースのみ。ディナーでも6800円～と手頃で、その日最高の食材を用いた特別コースは1万3000円

レストラン「ラー・エ・ミクニ」 (住) 東京国立近代美術館内 (電) 03-3213-0392 (時) 11:30～15:00 (14:00LO)、17:30～21:00 (19:00LO) (休) 日曜のディナー、月曜 (祝日の場合翌日)
MENUディナーコース6800円～

空間が魅力のレストラン

六本木ヒルズ 森タワーの52階にある！

THE SUN & THE MOON Restaurant

森美術館 CHECK P.58

森美術館と森アーツセンターギャラリーを擁する高層ビルにある。フレンチをベースとしたコース料理を提供。

右：ディナーのほかランチでもコース料理を味わえる
左：料理には全国各地の旬の食材をふんだんに使用

THE SUN & THE MOON Restaurant (住) 六本木ヒルズ森タワー52F (電) 03-3470-0052 (時) 11:00～17:00 (15:00LO)、18:00～22:00 (フード20:00LO、ドリンク21:00LO。金・土曜は～23:00、フード21:00、ドリンク22:00LO) (休) 不定休 MENUディナーコース1万2000円～ (サービス料・ビューチャージ料別)

クラシックな洋館でカジュアルディナー

Café 1894

三菱一号館美術館 CHECK P.52

明治時代の銀行営業室を復元した、ミュージアムカフェ・バー。2層吹き抜けの高い天井やレトロな装飾など空間が素敵。期間限定で展覧会関連メニューも登場する。

サーモンのマリネ1600円や定番のフィッシュ＆チップスなどを提供

Café 1894 (住) 三菱一号館美術館1F (電) 03-3212-7156 (時) ランチ11:00～15:00 (14:00LO)、カフェ14:00～17:00 (16:30LO)、ディナー17:00～23:00 (22:00LO) (休) 不定休
Café 1894フィッシュ＆チップス 1400円

①

気になるテーマ別
この美術館に行きたい！

TOKYO MUSEUM GUIDE
LET'S GO TO SPECIAL MUSEUM

☆ ☆ ☆

未知の扉をたたく。

古書や広告、建築模型などなど、
テーマ性のあるユニークな美術館で、
ニッチな世界への扉をたたいてみては？

no. 27

葛西臨海公園

魔法の文学館

魔女の宅急便の世界に浸る

館内は角野栄子のイメージカラーである「いちご色」一色！

緑豊かな「なぎさ公園」の丘の上に、2023年にオープンした児童文学館。『魔女の宅急便』の作者である角野栄子の世界観を表現しており、壁や床などすべてが〝いちご色〟で統一されている。ライブラリーには角野栄子の著作はもちろん、世界の児童書や絵本がそろっている。本はあえて細かく分類せず、子どもたちが自由に本を選び、好きな場所でゆっくりと読書を楽しめるようになっている。

館内には角野栄子のアトリエを再現したコーナーや小さなシアターなどもあり、遊びながら文学の世界に触れることができ、大人も子どもも楽しめる。

1 猫耳形のモニターでは、角野栄子が本の世界に案内する　2 壁の中にある小窓を開けるとさまざまな視覚トリックが隠されているなどワクワクする演出が用意されている　3 本棚には黒猫ジジのブックエンドが隠れているなど、館内は細部まで遊び心満点

1

3

2

☆ ☆ ☆

コリコの町をイメージした絵本の世界へ！

1階は、『魔女の宅急便』の舞台である「コリコの町」が広がっている。壁一面に映し出されるプロジェクションマッピングには、代表作のキャラクターたちが登場。1回4面映像される「黒猫シアター」では、『おばけのアッチ』や『リンゴちゃん』などのキャラクターが登場するプログラムを上映。作品の世界に入り込むことができる。

☆ ☆ ☆

角野栄子さんのアトリエで直筆原稿を発見

「栄子さんのアトリエ」は、角野栄子の仕事場をイメージしたコーナー。デスクの上には直筆原稿や絵具などの文房具が置かれ、本棚には愛読書や旅先で集めた小物などが並んでいる。アトリエの一角には、私服やアクセサリーの展示も。

1 アトリエも「いちご色」。仕事場にお邪魔している気分になれる　2 直筆原稿やメモ、コリコの町の手描きマップ、愛用のガラスペンやインクなどの文房具が展示されている

2

1

4

☆ ☆ ☆

おうち型の本棚が並ぶライブラリーで読書

2階には広々としたライブラリーがあり、おうち型の本棚がずらりと並ぶかわいい空間となっている。本棚の前には曲線状の大きなテーブルと大小さまざまなサイズのチェアがあり、親子で読書を楽しむことも可能。角野栄子と選書委員会が選んだ、幼年童話を中心とした児童書が約1万冊も！

3 子どもが使いやすい低い本棚。机代わりに本を広げることもできる　4 ライブラリーのチェアの背もたれはうさぎの耳の形。楽しみながら読書ができる

3

隈研吾が設計した建物は、白とピンクのコントラストが素敵

1

☆ ☆ ☆

眺望のいいカフェでオリジナルメニューを

3階のカフェは、旧江戸川を一望する見晴らし抜群の空間。角野栄子作品に登場するキャラクターをイメージしたものや、企画展会期中だけの限定ものなど、ここでしか味わえないメニューが勢ぞろい。いちごラテやいちご色クリームソーダなど、ここでも「いちご色」尽くし！

3

2

1 ガラス張りの開放的な店内　2ハートをあなたに800円は、いちご味のムースケーキとシャーベットがセット　3キキ ライス1400円は『おばけのアッチとコロッケとうさん』に登場するオムライス山をイメージ

café kiki　カフェ・キキ

(時) 10:00～17:30（17:00LO、テイクアウト～17:00）　(休) 火曜

魔法の文学館　まほうのぶんがくかん

(住) 江戸川区南葛西7-3-1 なぎさ公園内
(電) 03-6661-3911　(時) 9:30～17:30（最終入館16:30）
(休) 火曜（祝日の場合翌日）　(¥) 700円
(交) 地下鉄葛西駅またはJR葛西臨海公園駅からバスで約10分、魔法の文学館入口下車、徒歩約5分

天気のいい日は芝生の上で読書するのもおすすめ

no. 28

東洋文庫ミュージアム

アジアの知識が集まる知の殿堂

駒込

駒込・六義園の近くにある東洋文庫ミュージアムは、アジアに関連したさまざまな書物、資料を展示する〝本の博物館〟。母体になる「東洋文庫」は、三菱財閥の3代目当主・岩崎久彌《ひさや》によって設立された東洋学専門の研究図書館で、世界5大東洋学研究図書館のひとつ。

見どころのひとつは、〝日本一美しい本棚〟といわれる「モリソン書庫」。三方を天井まで埋めつくした巨大な本棚にマルコ・ポーロの『東方見聞録』やシルクロード探検隊の調査報告書な

ど、ロンドンタイムズの記者として中国に長く駐在したジョージ・アーネスト・モリソンのコレクション約2万4000冊が収められている。

ほかにも『史記』『論語集解』などの国宝・重文や、『解体新書』と原典の『ターヘル・アナトミア』など、ここでしか見ることのできない貴重な書物がずらり。知的好奇心をくすぐる「知」の迷宮を、いざ探検しに行こう。

「モリソン書庫」の圧倒的な絶景は必見。鑑賞だけでなく、申請すれば閲覧することもできる

☆ ☆ ☆

蔵書数は約100万冊
古今東西
時空を超える本の旅へ

およそ100万冊の蔵書を誇る東洋文庫。「オリエントホール」、「モリソン書庫」、国宝・重文や浮世絵の名品を展示する「名品コーナー」など、ラビリンスのように進んでいける展示空間を通して、さまざまな貴重書を公開している。年3回ほど行われる企画展は、「発見」が主題。東洋文庫ならではの展覧会が鑑賞できる。

1

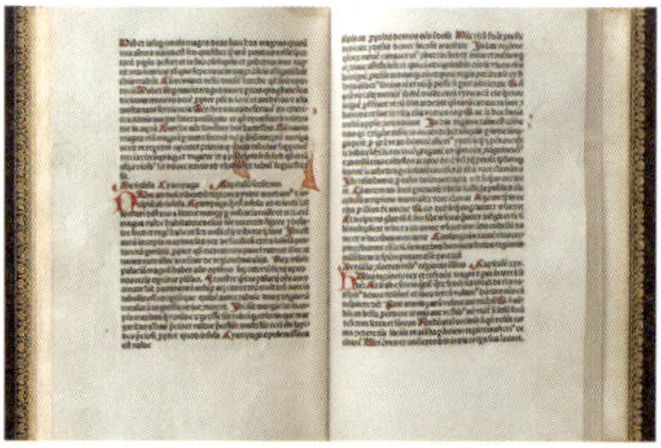

3

2

1さまざまな企画展が行われる企画展示室　2「モリソン書庫」に並ぶ美しい洋書　3 1485年頃出版の『東方見聞録』ラテン語本。活版印刷本の『東方見聞録』としては世界で3番目に印刷されたもの

2

☆ ☆ ☆

鏡を使った視覚トリック！
「回顧の路」に仕掛けられた
「クレバス・エフェクト」

「名品コーナー」と「企画展示室」を繋ぐ「回顧の路」にはちょっとしたエンタテイメントが。照明を落とした暗い通路を進むと、足元に底なしの穴が！　こちらはスリルと知的興奮を同時に味わえる効果を狙って考案された「クレバス・エフェクト」。館内には、こうした遊び心ある仕掛けがたくさん散りばめられている。

1

1鏡と目の錯覚を利用したクレバス・エフェクト。実際の深さは10cmほど　2回顧の路にも企画展に連動した蔵書が展示されている　※2025年に改修工事を予定

「知恵の小径」と呼ばれる緑の回廊。アジアの名言が各地域の文字で刻まれた黒い壁が並ぶ

2

1

1クラシックな雰囲気の店内。天候のいい時期はウッドデッキのテラス席へ！　2マルコポーロセット（スープ、サラダ、コーヒー付き）1980円

オリエント・カフェ

㊆03-3942-0400
㊊11:30～21:30（19:30LO）
㊡東洋文庫ミュージアムに準ずる

☆ ☆ ☆

緑に包まれた「知恵の小径」を抜けて人気のレストラン・カフェへ

オリエントホールからシーボルト・ガルテン（庭園）を抜けた先にあるオリエント・カフェは、岩手の小岩井農場がプロデュースする洋食レストラン。小岩井農場産の厳選素材を使った文庫ランチのマリーアントワネットや、ふわとろのオムライスのマルコポーロセットなどネーミングもおしゃれなランチセットが人気。夜はディナーも楽しめる。

東洋文庫ミュージアム

とうようぶんこミュージアム

㊟文京区本駒込2-28-21
㊆03-3942-0280
㊊10:00～19:00（最終入館18:30）
㊡火曜（祝日の場合翌日）
¥900円（2024年11月時点）
㊫JR・南北線駒込駅2番出口から徒歩約8分
※施設工事のため2025年秋頃まで休館

shop

オリエンタルなグッズを取りそろえる

ミュージアムショップ「マルコ・ポーロ」では『東方見聞録』や『史記』など蔵書をテーマにしたグッズや書籍が手に入る。

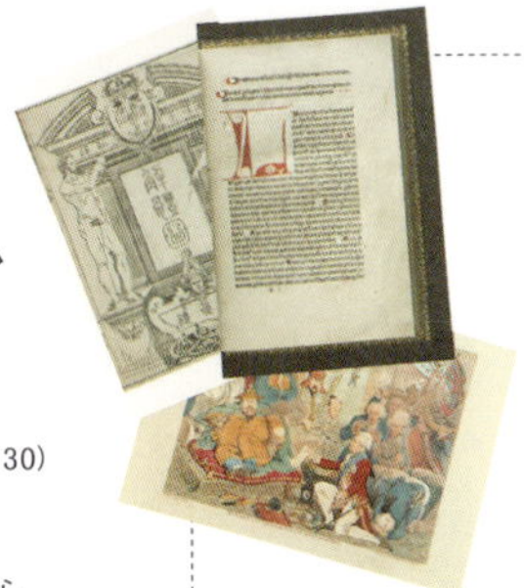

『解体新書』『東方見聞録』などがポストカードに。100円～

モリソン文庫の書物に貼られている「モリソン蔵書票」を図柄にしたしおり各380円

CHECK グッズはP.165もチェック

no. 29

アドミュージアム東京

汐留

日本初の広告ミュージアム

アドミュージアム東京は、広告の魅力を発信するために作られた、日本唯一の広告専門ミュージアム。カレッタ汐留にあり、年数回の企画展示と常設展示を行っている。

常設展示は、江戸から現代までの広告の歴史を追う「ニッポン広告史」、〝心あたたまる〟〝考えさせられる〟〝びっくりする〟など、人の感情を揺さぶる広告を感情ごとのテーマに分けて視聴できる「4つのきもち」、約2700点のテレビCMやポスター、有名な商品のパッケージデザイ

☆ ☆ ☆

「Love」「Wow!」「Yeah!」「Humm…」4つのきもちを表したCM試聴ブース

展示室に入ると目の前に現れる4つの白いオブジェは、常設展示のコンテンツのひとつ「4つのきもち」。トゲトゲ、カクカク、ハートだらけとすべて形が異なり、裏側に回るとモニターが。それぞれ「Love（心あたたまる）」「Wow!（びっくりする）」「Yeah!（元気がでる）」「Humm…（考えさせられる）」、4つの感情を動かす広告が見られる視聴ブースになっている。

1

2

1展示室の壁に投影される広告コピーにも注目　2展示室の上のフロアには、広告に関連する書籍・雑誌・広告作品集などをそろえるライブラリーがあり、誰でも利用することができる

「4つのきもち」をイメージした白いオブジェ

ン、テレビCMの絵コンテなどが見られる「コレクション・テーブル（デジタル・アナログ）」の3つのコンテンツからなり、触ったり体を動かしながら広告を楽しめるようになっている。

また、館内には、専門図書館も併設。国内外の広告やマーケティングに関する書籍や雑誌、広告賞の作品集など約3万点に及ぶ資料を閲覧できる。

一連の展示を通して、日本の広告の移り変わりや進化の歴史を知ることができる

平賀源内、式亭三馬など、学者や商人、絵師…と多彩な才能を持った“江戸のクリエイター五人衆”にクリエイティブの秘訣を聞くデジタル展示コーナー。インタビュー形式なのが面白い

1

2

3

4

☆ ☆ ☆

お洒落で粋な江戸の広告

常設展示「ニッポン広告史」は、日本の広告の原点があるという、江戸時代からスタート。店の軒先に吊るした時に目立つよう、ユニークな形に作られた木製看板や、チラシ広告の元祖といわれる引札、人気歌舞伎役者のブロマイドや広告としての役割を果たした錦絵などを展示している。また、それらを発案、広告として利用した仕掛け人の紹介コーナーなどもある。

1看板や暖簾は江戸時代の重要な広告媒体。これはかつら屋の看板　2両替屋の看板は、両替屋が使う秤の分銅がモチーフになっている　3くし屋の看板　4ダジャレのような看板も。「鎌・椀・入・ゐ・れ」で「かまわん 入れ」と読む　5筆屋の看板

5

見たことのない広告でも、キャッチーなCMソングやコピーに時間が経つのを忘れて見入ってしまう

各資料には年代やハッシュタグが振られているので、友達や家族と一緒に盛り上がれること間違いなし

☆ ☆ ☆

懐かしい！と思わず口にしちゃう インタラクティブに楽しめる 広告アーカイブの“海”

展示室の中央に並ぶ大型のタッチ式モニターは、1950年代～現代までのCMやポスターなど約2700点の広告資料を閲覧できるデジタルテーブル。川のように流れるたくさんのサムネイルから気になるものをタッチして懐かしいCMや広告をじっくり鑑賞しよう。引札や絵双六、有名なテレビCMの絵コンテなどを間近で見れるアナログテーブルも併せて楽しめる。

Discover Japan 美しい日本と私／日本国有鉄道／1971（昭和41）年／ポスター

資生堂／1928（昭和3）年頃／ポスター

☆ ☆ ☆

明治期からの 時代を象徴する ポスターを展示

明治～平成の展示コーナーでは、昭和39（1964）年開催の東京オリンピックのポスター、戦後復興期の商品広告、大正ロマンを感じる商業ポスターなど、時代や流行の変化が分かるさまざまなポスターを見ることができる。今見ても色あせないレトロでモダンなデザイン、思わず唸る名コピーなども鑑賞ポイント！

アドミュージアム東京　アドミュージアムとうきょう

住 港区東新橋 1-8-2 カレッタ汐留　電 03-6218-2500　時 12:00～18:00
休 日・月曜、臨時休館あり　¥ 無料　交 JR新橋駅汐留口から徒歩約5分

no. 30

WHAT MUSEUM 建築倉庫

天王州

建築模型と保管の現場を見学する

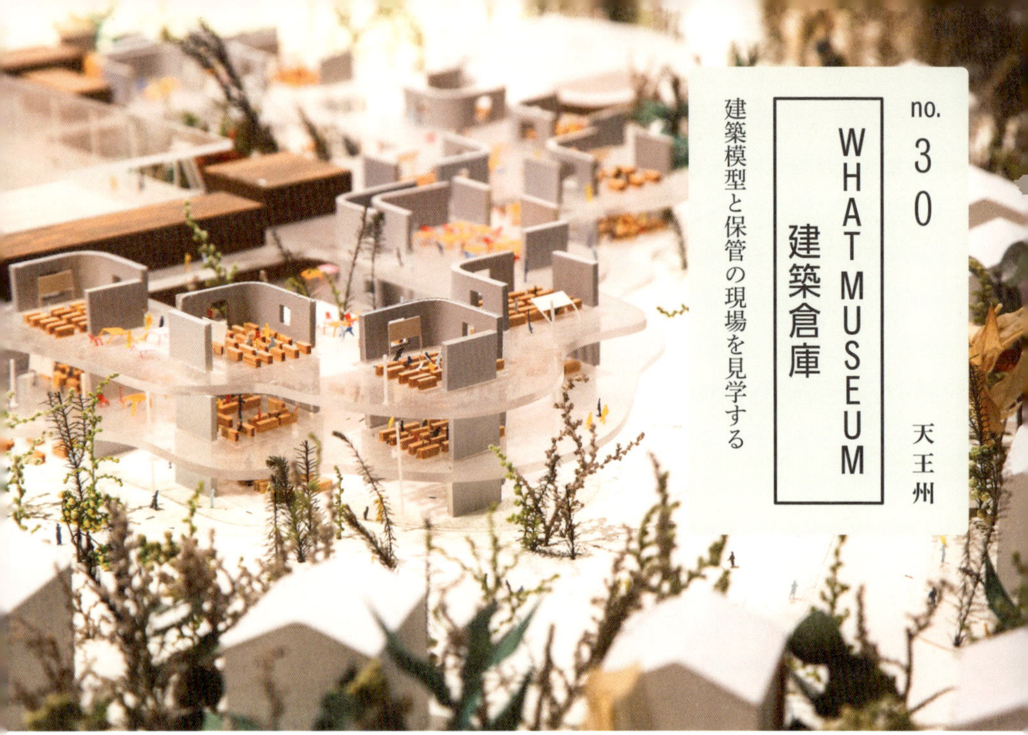

小嶋一浩＋赤松佳珠子＋大村真也 / CAt 「流山市立おおたかの森小・中学校、おおたかの森センター、こども図書館」

マウントフジアーキテクツスタジオ 原田真宏＋原田麻魚「道の駅ましこ」 Photo by Kenji Seo

建物を建てる前に、その形状や外観がどのようになるかをイメージしやすくするために造られる建築模型。その模型を専門的に「保管」しながら、「展示」しているのが、WHAT MUSEUMの建築倉庫だ。手掛けたのは、美術品などの保管に長年のノウハウを持つ寺田倉庫。建築模型は貴重なアーカイブであり、美術的にも価値があるにもかかわらず、置き場がなく困っていた建築事務所などの意見をもとに、2016年に「建築倉庫ミュージアム」をオープン。現在はWHAT MUSEUMの「建築倉庫」として建築模型の保管・展示を行うほか、建築文化を広く伝えるための展覧会を開催している。

　模型をまじまじと見ると、その細やかな表現はもちろん、自分が模型の中に入り込んだような気分になる。

建築の骨組みを創造してきた「構造デザイン」に焦点を当てた「感覚する構造 - 法隆寺から宇宙まで -」の展示風景（会場：WHAT MUSEUM）2024年　Photo by ToLoLo studio

模型でしか見ることができない幻のアンビルト（実際に建てられなかった）作品も保管展示されている　香山壽夫／香山建築事務所「東京・四谷 聖イグナチオ教会（計画案）」

☆ ☆ ☆

名だたる名建築がずらり
建築模型の世界

スチレンボードや合成樹脂などの素材を使って作られることが多い建築模型。日本の建築は世界から見てもクオリティが高く、建築模型は美術品として評価されている。ミュージアムにはスタディ模型と呼ばれる検討用の模型から、完成型の竣工模型まで保管されており、企画展などを通して、さまざまな名建築の模型を鑑賞できる。

☆ ☆ ☆

普段は見られない模型や保管の現場を見学

建築倉庫では、建築家や設計事務所から預かる800点以上の建築模型を保管し、その一部を公開している。日本を代表する建築家の作品や、実現しなかったアンビルトの作品など貴重な建築模型の数々と、普段は見ることのできない保管の現場を見学できる。

建築倉庫の展示風景。収納棚に模型や梱包箱が保管展示されている

☆ ☆ ☆

模型の魅力を堪能 訪れるたびに新しい発見が

建築倉庫内には企画展示エリアがあり、さまざまなテーマに沿った企画展示を年数回開催している。企画の内容によっては、出展者による講演会･トークイベントや、ワークショップを開催しており、建築模型への理解をさらに深めることができる。

建築倉庫 企画展示エリア 難波和彦「箱の家」の展開（2024年）

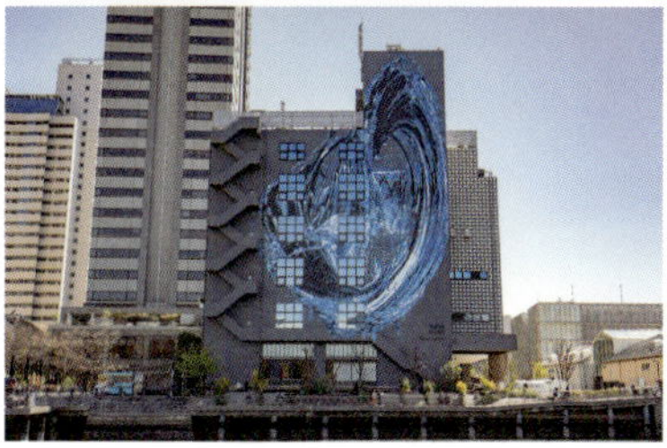

2 | 1
3

☆ ☆ ☆

まちの建物を使った巨大パブリックアート

WHAT MUSEUM 建築倉庫のある天王洲アイルでは、「水辺とアート」をテーマにさまざまなイベントが開催されている。天王洲運河周辺には、ウッドデッキが続くボードウォークや、古い倉庫をリノベーションしたレストランなどのおしゃれスポットがたくさん。鑑賞のあとはまち歩きを楽しんでみよう。

1 日本最大級の壁画プロジェクト「TENNOZ ART FESTIVAL 2019」の屋外アート。ミューラル（壁画）アーティストARYZ（アリス）の作品　2 難読症を患った経験を絵画に反映するルーカス・デュピュイの作品　3 TENNOZ ART FESTIVAL 2024 Work by Meguru Yamaguchi , Photo by Yusuke Suzuki（USKfoto）

shop

建築ならではのアイテムやおしゃれなオリジナルグッズに注目

建築に関連したステーショナリーのほか、パーカーやサコッシュなどのスタイリッシュなオリジナルグッズに注目！

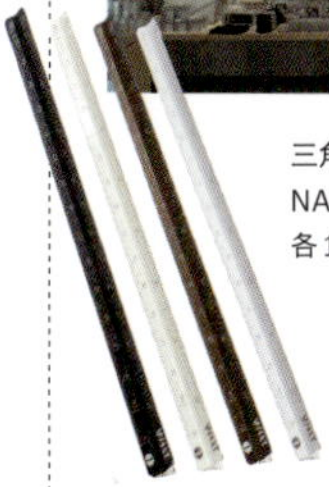

三角スケール
NANO
各1000円

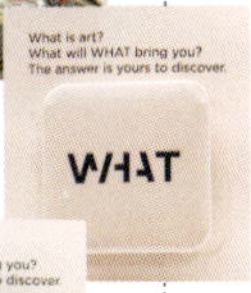

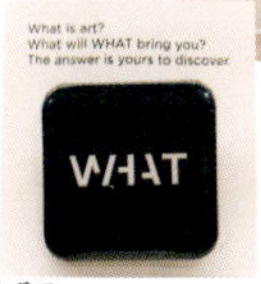

WHAT
MUSEUM
缶バッジ
各350円

㊓ WHAT MUSEUM 建築倉庫に準ずる

CHECK グッズはP.165もチェック

WHAT MUSEUM 建築倉庫

ワット ミュージアム けんちくそうこ

㊟ 品川区東品川 2-6-10 寺田倉庫G号
㊓ 11:00～18:00（最終入館17:00）
㊡ 月曜（祝日の場合翌日）
㊥ 展覧会とのセットチケット：2000円、建築倉庫のみ700円（料金は2025年3月に改訂予定）
㊫ 東京モノレール天王洲アイル駅から徒歩約5分、東京臨海高速鉄道りんかい線天王洲アイル駅B出口から徒歩約4分

MUSEUM COLUMN 7

体験ミュージアムへ行こう

実際に触れて、作って、体験できるプログラムが人気の博物館。無料のものから、作ったものを持ち帰れる本格的なものまで！ 見学と合わせて楽しみたい。

活版印刷体験

(時) 木・金曜14:00～、土・日曜・祝日14:00～・16:00～（所要約30分） (¥) 無料

博物館内にある印刷工房で、活字を集めて組版・印刷するところまで体験できる。完成した作品は持ち帰れる。事前予約制。

印刷博物館

印刷技術の発展と歴史を紹介する体験型博物館。常設・企画展示のほか各種ワークショップも。

(住) 文京区水道1-3-3 TOPPAN小石川本社ビル (電) 03-5840-2300 (時) 10:00～18:00（最終入館17:00） (休) 月曜（祝日の場合翌日） (¥) 500円

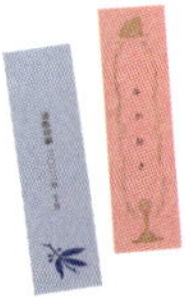

1 原稿を作成する

まずは印刷したい言葉を考える。

2 活字を集め、組版を行う

ハンコのように一文字ずつばらばらの文字「活字」を指で集める。

3 印刷する

イギリス製の卓上活版印刷機ADANAで一枚ずつ印刷する。

4 完成

コースターやしおりなど、季節ごとに作れる作品や使える文字は変わる。

東京直下72hTOUR

(時) 1時間に1回（日により異なる）
(¥) 無料

首都直下地震の発生から避難までを体験し、タブレット端末でクイズに答えながら生き抜く知恵を学ぶ。

余震が再現されるジオラマの中で、避難所を目指して進む

防災体験学習施設 そなエリア東京

地震発生後72時間の生存力を身につける体験学習ツアー「東京直下72h TOUR」が中心の防災学習施設。

(住) 江東区有明3-8-35 東京臨海広域防災公園 (電) 03-3529-2180 (時) 9:30～17:00（最終入場16:30） (休) 月曜、第2火曜（祝日の場合開館）、臨時休館日 (¥) 無料

写真提供：東京臨海広域防災公園

紙すき教室

(時) 土・日曜の13:00～14:00（所要約10分） (¥) 無料

牛乳パックを再生した原料からオリジナルはがき、またはしおりを手作りできる。

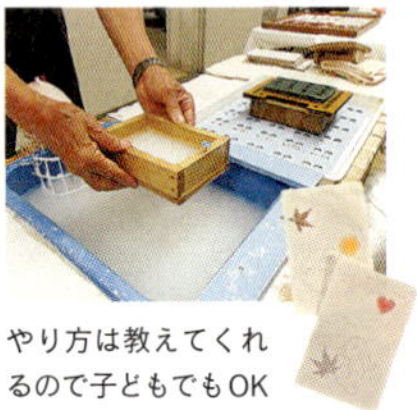

やり方は教えてくれるので子どもでもOK

紙の博物館

日本の伝統的な「和紙」、近代日本の発展を支えた「洋紙」の両面から紙の歴史・文化を紹介する紙専門博物館。

(住) 北区王子1-1-3 飛鳥山公園 (電) 03-3916-2320 (時) 10:00～17:00（最終入館16:30） (休) 月曜（祝日の場合開館）、祝日の翌平日、臨時休館日 (¥) 400円

アフレコ体験

(時) 随時 (¥) 無料

声優の仕事を体験できる。アフレコブースに入り、映像に合わせてセリフを言ってみよう！

アニメ制作体験などのワークショップも開催している

東京工芸大学 杉並アニメーションミュージアム

日本アニメの歴史、原理、制作工程などを体験しながら学べる博物館。

(住) 杉並区上荻3-29-5 杉並会館3F (電) 03-3396-1510 (時) 10:00～18:00(最終入館17:30) (休) 月曜(祝日の場合翌日) (¥) 無料

MUSEUM GOODS

美術館で見つけた アートなおみやげ

美術館めぐりの楽しみのひとつ。それはミュージアムショップを覗いてみること！
好きな作品をモチーフにしたグッズやデザイン雑貨まで、魅力的なグッズを集めよう。

中身は
東京會舘の
クッキー♪

1. アートなおやつ。

八橋蒔絵螺鈿硯箱
缶入クッキー 1080円
東京国立博物館 ☞ P.70
尾形光琳により制作された国宝《八橋蒔絵螺鈿硯箱》を再現した缶がユニーク

アートキャンディ
〔Who am I ?〕
700円
東京都美術館 ☞ P.181
《モナ・リザ》、《叫び》、《真珠の耳飾りの少女》など名画がモチーフ！

プティ・シガール 1620円
草間彌生美術館 ☞ P.114
草間彌生の代名詞である、ドット柄のカボチャをあしらった缶入り

ルソーキャンディ 300円
世田谷美術館 ☞ P.38
アンリ・ルソーの絵画に登場する人物が金太郎飴に。爽やかなソーダ味

2. お部屋に飾る。

ほっこり
するね

ほぼ実寸の曜変天目
ぬいぐるみ 5800円
静嘉堂文庫美術館 ☞ P.80
美術館所蔵の国宝の茶碗《曜変天目》を原寸大でぬいぐるみに！ 売り切れ続出の人気アイテム

ピカソ カップ 2530円
ヨックモックミュージアム
☞ P.102
ピカソのイラスト入りのフリーカップ。フクロウのほか犬や牛などの動物シリーズ

ぽれぽれ動物 各1199円
㊤バク ㊦ナマケモノ
サントリー美術館 ☞ P.94
丸みのあるフォルムがかわいい木彫りのオブジェ。肌触りのいい無垢木材を使用

3. 自慢できちゃうステーショナリー。

古代ロマンを感じる!?

双羊尊シリーズ　変形カード

各200円

根津美術館 P.28

「そんちゃん」の愛称を持つ根津美術館のキャラクター・双羊尊のポストカード

ペーパークラフト埴輪《踊る人々》　各960円

東京国立博物館 P.70

型を切り抜いて組み立てていくと、埴輪が現れる！ 紙工作キット

3D HOKUSAI（立体北斎）

「冨嶽三十六景 甲州石班澤」　660円

すみだ北斎美術館 P.130

カードを組み立てると北斎の名画を立てて飾れる。絵から風景が飛び出してきたよう

速水御舟《写生帖(薔薇)》付箋　500円

山種美術館 P.98

大正～昭和期の日本画家・速水御舟による可憐なバラの花をふせんに

トイメモ 考える人　503円

国立西洋美術館 P.76

ロダンの代表作《考える人》の小さなメモ。台座型のケース付きで取り出しやすい

稲垣知雄 一筆箋　350円

世田谷美術館 P.38

版画家・稲垣知雄の描いた猫が2匹並んだシンプルな一筆箋

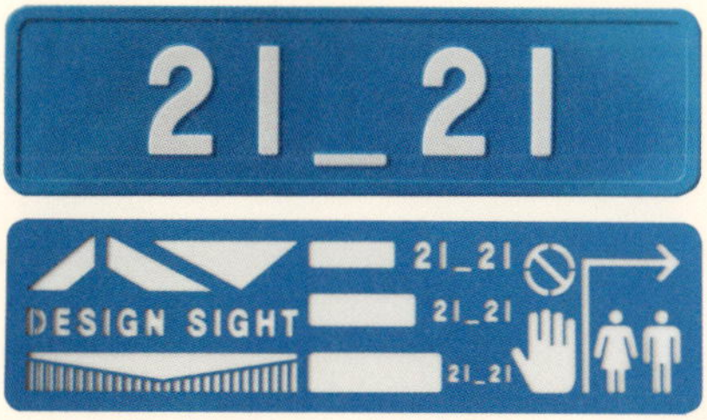

21_21ロゴステッカー　330円
21_21 グラフィックプレート　770円
📍21_21 DESIGN SIGHT　☞P.120

ロゴをモチーフにしたステッカーと、館内のサインをなぞって遊べるプレート

21_21 サインペン　220円
📍21_21 DESIGN SIGHT　☞P.120

施設のシンボルマークと同じボディカラーの空色のインクのサインペン

グリーティングカード　495円
📍**ちひろ美術館・東京**　☞P.136

カードを開くと、チューリップが立体に！

コミカルな
浮世絵

歌川国芳マグネット
《金魚づくし》　880円
📍**東京国立博物館**　☞P.70

歌川国芳の代表作《金魚づくし》がモチーフ。カラフル＆ポップな色合い

マスキングテープ　各550円
㊨ **田能村直入《百花》**
㊧ **速水御舟《写生帖Ⅰ》**
📍**山種美術館**　☞P.98

淡い色合いに、日本画特有の繊細なタッチで描かれた花鳥風月が華やか

ハードカバーノート
《清水・住吉図蒔絵
螺鈿西洋双六盤》　1100円
📍**サントリー美術館**　☞P.94

収蔵品をあしらった豪華なノート。中紙も盤の内側を図案化している

クリアファイル　290円
📍**東洋文庫ミュージアム**　☞P.152

17世紀にアムステルダムで刊行された《アジア図》がモチーフ

ピカソ・メッセージメモ　450円
📍**ヨックモックミュージアム**
☞P.102

貼って剥がせるポストイット。ピカソがしゃべっている風のふきだしがユニーク

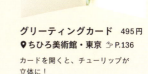

4. アートを身に着ける。

本物
そっくり

リアルモチーフタオル　各1100円
㊧《長次郎赤楽茶碗 銘 夕暮》 ㊨《古伊賀水指 銘 破袋》
📍五島美術館 ☞P.84

古陶磁をプリントするだけなく、シルエットまで忠実に再現！

ガーゼハンカチ（猫）
各400円
📍台東区立朝倉彫塑館 ☞P.144

猫のモチーフは朝倉文夫の唯一の"猫のデッサン"。寝そべった姿がかわいい

手ぬぐい
（国立西洋美術館
本館デザイン）　各1540円
📍国立西洋美術館 ☞P.76

国立西洋美術館の外観がプリントされたモダンな手ぬぐい。カラーバリエあり

更紗シリーズ
縞草花ガマロポーチ　2900円
📍根津美術館 ☞P.28

オリエンタルで大人っぽい図柄のインド更紗を使ったかわいいポーチ

はにわソックス
各480円
📍**東京国立博物館** ☞ P.70

SNSなどでじわじわ人気を上げているキュートなソックス。色は全部で7色

ピンズ　各800円
📍**静嘉堂文庫美術館** ☞ P.80

《曜変天目》《三彩貼花文壺》など、美術館の所蔵作品がツヤツヤのピンバッジに

ピンバッチ
㊧ アンリ・マティス
《ジャッキー》 880円
㊥ ヴァシリー・カンディンスキー
《自らが輝く》 1100円
㊨ ピエール＝オーギュスト・ルノワール
《すわるジョルジェット・シャルパンティエ嬢》 1100円
📍**アーティゾン美術館** ☞ P.48

アーティゾン美術館のバリエーション豊かな名品がピンバッチに

TRAINIART×にじゆら手ぬぐい
東京駅夕焼け　1650円
📍**東京ステーションギャラリー**
☞ P.34

夕焼けに映える東京駅舎をモチーフにした手ぬぐい。東京みやげに！

建築倉庫×ROOTOTE
コインケース　各2200円
📍**WHAT MUSEUM**
建築倉庫 ☞ P.160

広告幕を三角にたたんだ手のひらサイズ

建築倉庫×ROOTOTE
TALL　1万1000円
📍**WHAT MUSEUM 建築倉庫**
☞ P.160

展覧会に使用した、広告幕をアップサイクルしたエコなアイテム！

デザインがおしゃれ

②

アートを探して街歩き！

エリアで ミュージアムさんぽ

TOKYO MUSEUM GUIDE
LET'S FIND TO ART TOWN

美術館やアートギャラリーが点在するだけでなく、
カフェや買い物も楽しい街へ出かけよう。

六本木

ROPPONGI

注目のアート
スポットへ行こう

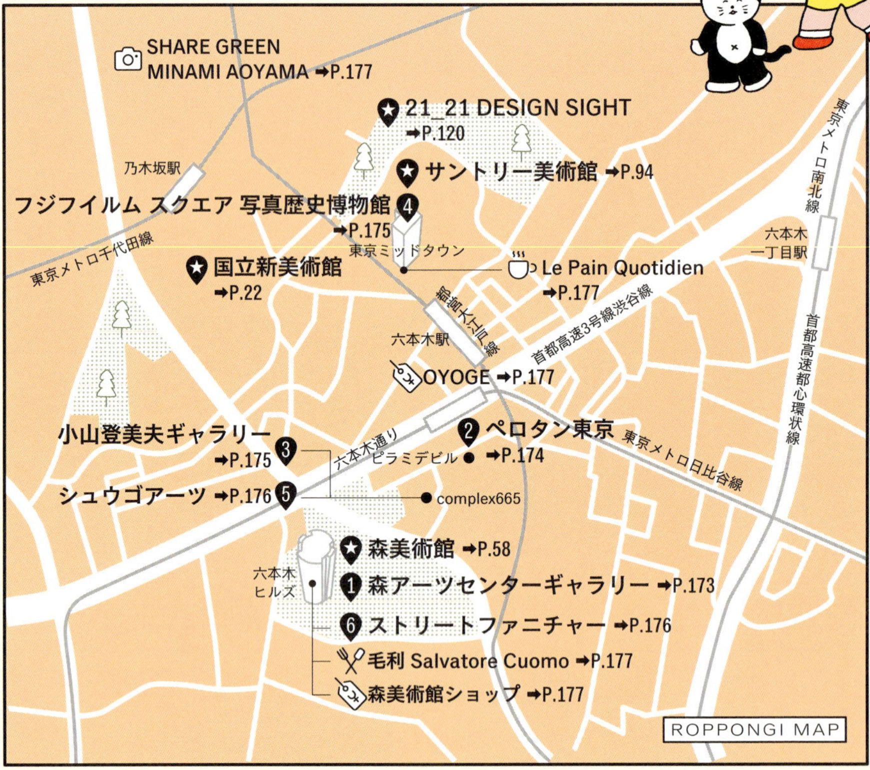

東京を代表する
アートな街で
ギャラリー巡り

六本木エリアは常に進化し続けるカルチャー発信地。２００３年の六本木ヒルズの開業から始まり、森美術館や国立新美術館、サントリー美術館などの東京を代表するアートスポットが続々誕生。近年は大型美術館のほかに、complex６６５やピラミデビルといった商業施設内に個性豊かな現代美術ギャラリーが集結し、国内外のアートファンを魅了し続けている。

六本木ヒルズや東京ミッドタウンにはショッピングやグルメなどアート以外の楽しみも満載。アートの街らしいデザインショップやSNSで話題のカフェなど、美術館巡りの途中に立ち寄りたいスポットが多数！

↓ここもハズせない!!

森美術館

六本木ヒルズ内にある現代アートの美術館。美術、建築、デザインなど世界中の気鋭のアーティストを扱った展覧会が魅力。

CHECK P.58

21_21 DESIGN SIGHT

東京ミッドタウン内にあるデザインをテーマとした展示施設。個性的な企画展が話題。

CHECK P.120

サントリー美術館

東京ミッドタウン内にあり、国宝を含む日本の古美術を中心に作品を収蔵。併設のショップとカフェも人気がある。

CHECK P.94

国立新美術館

黒川紀章設計のガラス張りの建物が特徴。国内最大級である1万4000㎡の展示スペースを生かした多彩な展覧会を開催。

CHECK P.22

1 海抜250mに位置する天空のミュージアム

森アーツセンターギャラリー

六本木ヒルズ森タワーの上層階の52階にあるギャラリー。年に数回、企画展を開催する。世界の著名な美術館のコレクションから、国内外の漫画・アニメ・映画、ファッション、デザインまでテーマは多岐にわたり、何度訪れても楽しめるのが魅力。同フロアには東京の街並みを見下ろせる展望台やレストラン＆カフェなど、併せて立ち寄りたいスポットも。

森タワーの1フロア上には森美術館もある

もりアーツセンターギャラリー
㊟ 港区六本木6-10-1 六本木ヒルズ森タワー52F
㊫ 03-6406-6652
(時)(休)(¥) 展覧会により異なる

約1000㎡もの展示スペースを擁する

展示風景：「新・北斎展 HOKUSAI UPDATED」森アーツセンターギャラリー、2019年

＼＼ 古代エジプト文化に迫る //

《女性と供物を描いた墓の壁画》前1539～前1425年頃
ブルックリン博物館蔵　Photo: Brooklyn Museum

《サルの像》
前1353～前1336年頃
ブルックリン博物館蔵
Photo:Brooklyn Museum

有名なアート作品も
斬新な切り口で
紹介されているね

✓ exhibition

ブルックリン博物館所蔵
特別展 古代エジプト

2025年1月25日～4月6日 (¥)2500円～

彫刻、棺、宝飾品をはじめ人間や猫のミイラまで約150点の遺物を通じて、高度な文化を創出した古代エジプト人の営みをひも解く。

開放感あふれる
展示スペース!

ギャラリーの空間設計は、若手建築家アンドレ・フーが手掛けた。イェンス・フェンゲ展の展示風景

Courtesy of the artist and Perrotin. Photo by Osamu Sakamoto.

2 パリのメガギャラリーが東京進出

ペロタン東京

¥0
FREE

コンテンポラリーアート界で最も影響力のあるギャラリスト、エマニュエル・ペロタンが創業した現代美術ギャラリー。東京は、世界各地でギャラリーを展開しているペロタンにとって5カ国目のギャラリーとなる。2つの展示室と、1つのショールームからなり、展示室の片側は全面ガラス張り。通りから中の様子が見える開放的な空間が特徴だ。同ビルには2020年に「ペロタンストア」、2024年に「ペロタン・サロン」をオープン。アーティストや地域クリエイターなどが集い、アートと文化を深く体験できる場になっている。

ペロタンとうきょう
㊟港区六本木6-6-9 ピラミデビル1F ㊫03-6721-0687
㊡11:00～19:00 ㊡月・日曜、祝日 ㊎無料

1

Courtesy of Perrotin. Photo by Osamu Sakamoto.

2

Courtesy of the artists and Perrotin.
Photo by Osamu Sakamoto.

1 アートブックや限定グッズ、版画などを販売するペロタンストア 2 ペロタン・サロン

Exhibition view of "Head in the Clouds" at Perrotin Tokyo.
Photo by Keizo Kioku. Courtesy Perrotin.

ギャラリー最大の特徴といえる全面のガラス壁。立ち寄りやすい、開かれた空間を生み出している

話題の
ピラミデビル内にある
ギャラリーなんだ～

内装設計を手掛けたのはムトカ建築事務所。展覧会は1～2カ月に一度行われる。オープニングにはアーティストも在廊

Installation view from "There Is Neither Such Thing as Being, Nor Such Thing as Not Being" at Tomio Koyama Gallery, Tokyo, 2024 ©Kishio Suga photo by Kenji Takahashi

こやまとみおギャラリー

㊟港区六本木6-5-24 complex665ビル2F

㊐03-6434-7225 ㊔11:00～19:00

㊡月・日曜、祝日 ㊎無料

3 気鋭のアート作品を国内外に発信

小山登美夫ギャラリー

¥0 FREE

1996年に江東区で開廊し、2016年に個性的なギャラリーが集まるcomplex665内に移転。かつて村上隆や奈良美智を世界に紹介した小山登美夫が主宰するコンテンポラリーアートのギャラリーで、蜷川実花や菅木志雄、リチャード・タトルなど国内外のアーティストのほか、陶芸アーティストの作品を扱った展覧会を開催している。アートフェアに参加し、日本だけでなく海外に向けてもアート作品を発信している。

話題の複合施設
complex665にあるよ

現代美術を鑑賞

長井朋子　単管パイプ上の世界　2024
oil and glitter on canvas 259.5 × 388.1㎝
©Tomoko Nagai, Courtesy of Tomio Koyama Gallery

蜷川実花　無題　2023
C-print mounted on plexiglas
72.8 × 48.5㎝ ©mika ninagawa,
Courtesy of Tomio Koyama Gallery

川島秀明　Guide　2023
oil, acrylic on canvas 194.5 × 162.0㎝
©Hideaki Kawashima, Courtesy of Tomio Koyama Gallery

日本最古の「カメラ・オブスクーラ」は必見

およそ190年を超える写真の歴史に触れることができる

4 写真・カメラの歴史を体感！

フジフイルム スクエア 写真歴史博物館

¥0 FREE

東京ミッドタウン内にある、富士フイルムが運営するショールームスペース「フジフイルム スクエア」に併設。貴重なアンティークカメラやフジフイルムの歴代カメラの展示など、写真とカメラの発展の歴史が分かる。通年でさまざまな企画展を行うほか、歴史的に価値のある写真の展示も。

フジフイルム スクエア しゃしんれきしはくぶつかん

㊟港区赤坂9-7-3 ㊐03-6271-3350

㊔10:00～19:00（最終入館18:50）

㊡無休 ㊎無料

5 complex665内のギャラリー
シュウゴアーツ

¥0
FREE

2000年に佐谷周吾が設立した現代美術のギャラリー。80年代以降の日本やアジアのアートの流れを紹介する。千葉正也、藤本由紀夫、イケムラレイコ、小林正人、近藤亜樹、リー・キット、丸山直文、アンジュ・ミケーレ、三嶋りつ恵、森村泰昌、小野祐次、髙畠依子、戸谷成雄、山本篤、米田知子といった世界的に活躍するアーティストと展覧会を企画開催。国内外のアートフェアにも参加している。

㊟港区六本木6-5-24 complex665ビル2F
㊞03-6447-2234 ㊋11:00～18:00
㊡月・日曜、祝日 ¥無料

\\ 現代アートに出合える♪ //

2016年にcomplex665内に移転。ギャラリーの空間設計は建築家の青木淳。アンジュ・ミケーレ「空円」展示風景，シュウゴアーツ，2024

2

1

1. 小林正人「自由について」展示風景, シュウゴアーツ, 2023
2. 森村泰昌「楽しい五重人格」展示風景, シュウゴアーツ, 2024
copyright the artist
courtesy of ShugoArts

6 アートなストリートをお散歩
六本木ヒルズ ストリートファニチャー

¥0
FREE

敷地内の各所に20人以上の世界的アーティストが手掛けたパブリックアートが点在する六本木ヒルズ。そのメインストリートであるけやき坂通りとさくら坂通りの歩道上には、13人のデザイナーによるアート作品が展示されている。散策の途中でアートを体験できる。

ろっぽんぎヒルズ ストリートファニチャー
㊟港区六本木6-10-1 六本木ヒルズ
㊞03-6406-6000（インフォメーションセンター・総合案内） ㊋見学自由 ㊡無休 ¥無料

内田繁　愛だけを・・・　2003年　1

ロン・アラッド　エバーグリーン？　2003年　2

1ジャズの名曲がタイトルに。モノからある種の重力を取り除きたいと考えてデザインされたという　2地面からのびるアイビーが、無限のループの隙間に絡みながら成長する

// 12メートルのロボタワーが出現！ //

さくら坂公園にある44体のロボットで造られたタワー。夜間は目や胸の部分が光る

チェ・ジョンファ ロボロボロボ
（ロボロボ園）　2003年

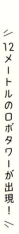

鯛のない、たい焼き屋さん
OYOGE

日本人には馴染み深いけど少し地味なアジ、イワシ、アサリの3種を焼いた、たい焼き店。生地はアーモンドプードルや餅粉を使い、サクサクもっちりとした食感。一番人気のイワシはつぶあんクリームチーズ味で、軽さと滑らかさが特徴だ。

アジ367円は期間限定のあんが入る。アサリ2個367円はラム酒＆サツマイモ味

フィナンシェやマドレーヌなどの洋菓子をヒントに開発。写真はイワシ367円

オヨゲ
㊟ 港区六本木7-13-10
TOMASビル102号室
㊐ 03-6447-0094
㊒ 10:30～23:00
㊡ 無休

オーガニックパンで朝食を
Le Pain Quotidien

東京ミッドタウン内にあるベルギー発のベーカリーレストラン。オーガニックの小麦で作るパンを中心に、ヘルシーな朝食メニューがそろっている。広いテラス席もおすすめ。

マンハッタンブレックファスト1700円

ル パン コティディアン
㊟ 港区赤坂9-7-3
東京ミッドタウン プラザ1F
㊐ 03-6804-5879
㊒ 7:30～22:00
㊡ 東京ミッドタウンに準ずる

毛利庭園を望むイタリアン
毛利 Salvatore Cuomo

東京タワーも望める絶景スポット。身体が内側からキレイになるサラダ＆デリプレートと選べるメインディッシュのランチセットがおすすめ。2090円（休日2420円）。

緑を眺めながらイタリアンをカジュアルに楽しめる

もうり サルヴァトーレ クオモ
㊟ 港区六本木6-10-1 六本木ヒルズ ヒルサイドB2F
㊐ 03-5772-6675　㊒ 11:00～14:30LO、15:00～17:00LO、17:00～22:00LO、
㊡ 不定休
※金・土曜、祝前日の営業時間は要問い合わせ

都会のど真ん中の癒しスポット
SHARE GREEN MINAMI AOYAMA

南青山にある緑豊かな都会のオアシス。1万㎡の広大な敷地には、自然を共有することをテーマにカフェやショップ、オフィスが集まる。期間限定カフェやワークショップなどのイベントも開催している。

広場を中心とした、緑豊かな環境が魅力

シェア グリーン ミナミ アオヤマ
㊟ 港区南青山1-12-32　㊐ 03-6804-3944
㊒ 8:00～20:00　㊡ 無休、臨時休業あり

六本木ヒルズ限定品も！
森美術館 ショップ

森美術館ミュージアムショップの旗艦店。オリジナルグッズやカタログ、アーティスト限定グッズのほか、若手陶芸家による陶磁器、デザイン雑貨など、幅広い商品をそろえる。

草間彌生
YAYOIちゃんプラッシュ
Vol.3　1320円

もりびじゅつかん
ショップ
㊟ 港区六本木6-10-1
六本木ヒルズ
ウェストウォーク3F
㊐ 03-6406-6280
㊒ 11:00～21:00　㊡ 無休

ウィスット・ポンニミット
「ジグソーパズル」
3667円

上野

UENO

↓ここもハズせない!!

国立西洋美術館

©国立西洋美術館

中世から20世紀にかけての作品を常設展示する西洋美術の殿堂。世界遺産にも登録。

CHECK P.76

東京国立博物館

国宝・重要文化財を含む日本と東洋の文化財を所蔵する。所蔵品は約12万件にものぼる。

CHECK P.70

第42回絵画大賞 木村真光 《いのちの名前》

\\ 現代アートの展覧会に注目! //

1 独創的な展覧会が話題の美術館

上野の森美術館

明治12(1879)年創立の日本最古の美術団体を前身とする日本美術協会が、展示館を一新して昭和47(1972)年に開館した。別館には、小規模な展覧会を行う上野の森美術館ギャラリーもあり、森を望む心地よい空間だ。絵画実技教室を実施するアートスクールも開講されている。浮世絵から近・現代の西洋絵画まで、多彩なジャンルの展覧会を年に数回開催するほか、現代美術の登竜門ともいわれるVOCA展も開催。

うえののもりびじゅつかん
㊟ 台東区上野公園1-2　㊔ 03-3833-4191
㊕ 10:00～17:00(最終入館16:30)
㊡ 不定休　¥ 展覧会により異なる

exhibition

明日をひらく絵画　第43回
上野の森美術館大賞展

2025年4月26日～5月8日
¥ 600円

美術館主催の歴史ある公募展。受賞作品は上野の森美術館の所蔵作品となる。

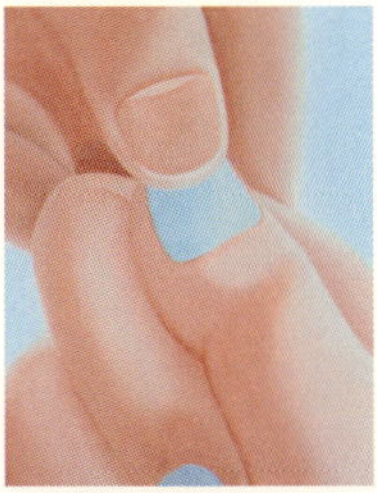

第42回優秀賞 市田優奈
《ただ触れただけ》

exhibition

VOCA展2025
現代美術の展望
-新しい平面の作家たち-

2025年3月15日～3月30日
¥ 800円

活躍が期待される気鋭の40歳以下の若手作家を紹介する現代美術展。

「VOCA展2024」VOCA賞 大東忍
《風景の拍子》(部分)

\\ 緑豊かな上野公園内にある! //

1

1上野の森美術館ギャラリーでは定期的に所蔵作品を紹介する企画展も開催
2浮世画展やマンガ展などユニークな展覧会が行われる

2

公園の散歩も楽しい 有名美術館が集まる アートスポットへ

世界遺産にも登録されている国立西洋美術館、国宝や重要文化財を多数所蔵する東京国立博物館、話題性のある企画展で人気の上野の森美術館など、アートの殿堂ともいえる著名な美術館が集まる上野エリア。

国内外から美術品を集めた大規模な企画展が行われる美術館も多く、貴重な作品をひと目見ようと集まる人々で行列することもしばしば。

美術館の多くはJR上野駅を出てすぐの上野公園内に集中している。約53万㎡もの広大な公園内は緑にあふれ、散策を楽しむ人々で常に賑わう。美術館をはしごしながら、公園でのんびり過ごすのがおすすめだ。

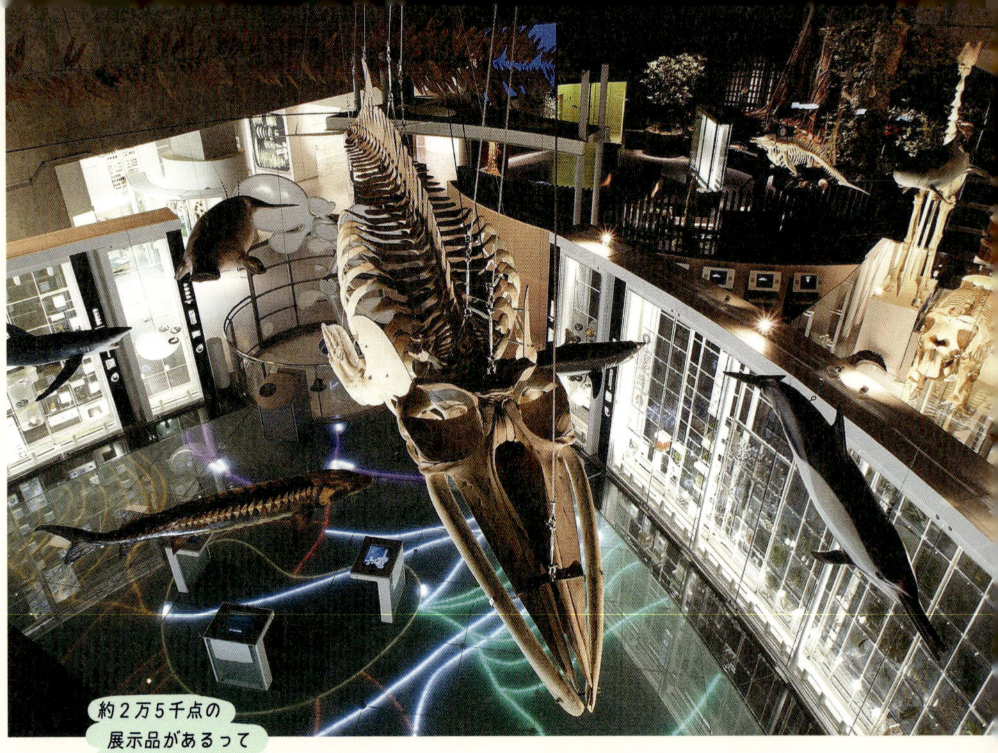

2 躍動感あふれる展示が多数！
国立科学博物館

明治10（1877）年に創立された国内最大級の総合科学博物館。「日本館」では忠犬ハチ公、カラフト犬のジロなど動物の剥製標本が展示されているほか、フタバスズキリュウなどの貴重な化石を見ることができる。「地球館」ではティラノサウルスやトリケラトプスなどの恐竜の骨格標本や、哺乳類や鳥類の剥製標本など、迫力ある展示に圧倒される。日本の科学技術の歩みや自然の法則を知ることができ、見応え十分。

こくりつかがくはくぶつかん
(住) 台東区上野公園7-20
(電) 050-5541-8600（ハローダイヤル）
(時) 9:00～17:00（最終入館16:30）
(休) 月曜（祝日の場合翌日） (¥) 630円（特別展は別料金）

約2万5千点の
展示品があるって
すごい！
世界の技術に
驚きの連続だね！

地球館1階の広大な展示ゾーン「地球の多様な生物たち」。多くの種に分かれて進化してきた生物たちが、さまざまな環境に適応し、独自の形態や生活様式を持ちながらお互いに関わり合い生きていることを紹介。動物標本から隕石まで多彩！

1

3

2

1地球館3階の「大地を駆ける生命」は、地球環境の豊かさの証である哺乳類と鳥類がテーマ。パンダやトラなど大型獣の剥製が一堂に！　2地球館2階「観測ステーション」は、変動する地球がリアルタイムで分かる体験型展示　3日本館1階「自然を見る技」では地球儀や時計など昔の技術を紹介

1926年に誕生した日本初の公立美術館

③ 東京都美術館

展覧会の独創性が光るユニークな美術館。国内外の名品を楽しめる特別展や公募展、企画展などのほか、日本モダニズム建築の巨匠である前川國男の設計による建築も見どころのひとつ。「障害のある方のための特別鑑賞会」や「とびラーによる建築ツアー」(P.85)など、アートを介したコミュニティ作りを目指したさまざまな取り組みも。

＼ 夜のライトアップもステキ！ ／

1

1特別展開催中の金曜日は20時まで開館するので、ライトアップされた美術館を楽しめる　2ミュージアムショップは日々の生活を彩る「＋CREATION」がコンセプト　3中央棟2階の「RESTAURANT MUSE（レストラン　ミューズ）」はガラス張りで開放的　©東京都美術館

3

2

《明けの明星》 1940年
グアッシュ、油彩、パステル／紙
ジュアン・ミロ財団、バルセロナ
Fundació Joan Miró, Barcelona. Gift of Pilar Juncosa de Miró. © Successió Mir
ADAGP, Paris & JASPAR, Tokyo, 2024 E5

《ヤシの木のある家》 1918年
油彩／カンヴァス
国立ソフィア王妃芸術センター、マドリード
Successió Miró Archive © Successió Miró / ADAGP, Paris & JASPAR, Tokyo, 2024 E5746

✓ exhibition

ミロ展

2025年3月1日～7月6日　㊎2300円

世界中から集めたジュアン・ミロの選りすぐりの傑作を展示し、彼の芸術の真髄を体感できる大回顧展。

とうきょうとびじゅつかん
㊟台東区上野公園8-36
㊫03-3823-6921　㊐9:30～17:30
特別展開催中の金曜は～20:00、
入館は閉館の30分前まで
㊡第1・3月曜、特別展・企画展は毎週月曜
（祝日の場合翌平日）　¥展覧会により異なる

歴代卒業生の作品も収蔵！

④ 東京藝術大学大学美術館

東京藝術大学の構内にある美術館。狩野芳崖の『悲母観音』や高橋由一の『鮭』などの国宝や重要文化財を収蔵している。そのほか歴代卒業生の作品を含め、資料や作品は約3万件にのぼる。それらの一部を公開する「藝大コレクション展」は年に1～2回開催。日本美術などの企画展や教員の退任記念展、卒業・修了作品展なども行われる。

とうきょうげいじゅつだいがくだいがくびじゅつかん
㊟台東区上野公園12-8　㊫050-5541-8600（ハローダイヤル）
㊐10:00～17:00（最終入館16:30）
㊡月曜（展覧会開催会期以外は閉館）
¥展覧会により異なる

1

2

1大学美術館本館の地下2階から3階を繋ぐ螺旋階段　2館内にはミュージアムカフェ、学生食堂、画材店も

5
明治時代の洋館にうっとり
旧岩崎邸庭園

三菱財閥の創業者である岩崎彌太郎の長男で、三菱第3代社長の久彌《ひさや》の本邸として明治29(1896)年に建設された。当時約1万5000坪もあったという庭園内には、20もの建築が点在していた。現在は洋館と和館、洋館の別棟として造られた撞球室（ビリヤード場）の3棟が現存。洋館と撞球室は、鹿鳴館を手掛けたイギリス人建築家、ジョサイア・コンドルが設計した。敷地全体が国の重要文化財に指定されている。

きゅういわさきていていえん
㊟台東区池之端1-3-45
㊫03-3823-8340
㊋9:00～16:30
㊡無休　¥400円

かつて20棟以上あった和館のうち、純和風建築で書院造りの大広間を中心とした3部屋のみが現存している

1
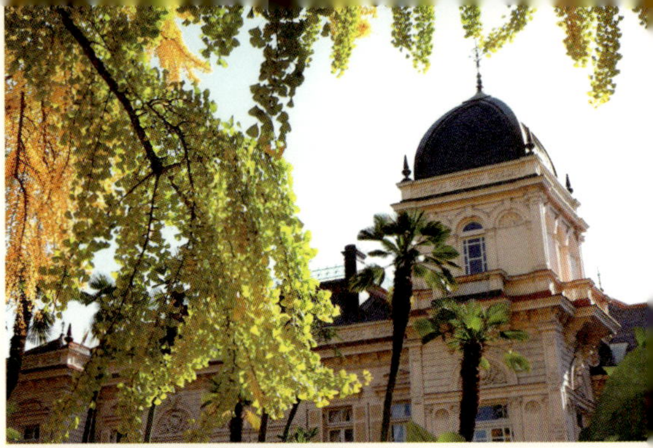

2

写真提供：
公益財団法人東京都公園協会

1洋館は近代日本住宅を代表する西洋木造建築。地下道で撞球室に繋がっている　2洋館の館内は17世紀初頭のイギリスで流行したジャコビアン様式を基調に、ルネサンス風やイスラム風のモチーフを折衷した優雅な空間

＼ 美しい庭園も見どころ！ ／

6
日本画家の大家、大観の世界に浸る
横山大観記念館

横山大観の自宅をそのまま公開した記念館。大観が暮らした家の客間、居間、画室で所蔵品を展示している。大観による絵画のほか、近代作家の絵画、彫刻作品、大観旧蔵の陶磁器、画材などおよそ1200点を所蔵している。邸宅と庭園は国の史跡及び名勝に指定されている。

よこやまたいかんきねんかん
㊟台東区池之端1-4-24　㊫03-3821-1017
㊋10:00～16:00（最終入館15:30）
㊡月～水曜　¥800円

横山大観《朝陽映島》1939年頃

2

1

1 京風数寄屋造りの建物は昭和29(1954)年に再建されたもの。作品を床の間に掛けるなど、日本画本来の楽しみ方を体験できる　2展示室の様子。3カ月ごとに展示替えが行われる

約50万冊の本が一堂に集まる

国立国会図書館 国際子ども図書館

2000年に設立された、日本で唯一の国立の児童書専門図書館。蔵書数は約50万冊で、約160の国・地域の児童書を所蔵している。大人も子どもも本を楽しむことができ、児童書に関連した展示会も開催される。

建物は1906年に帝国図書館として建てられたものを改修し再利用しており、施設自体も見どころ。右は児童書ギャラリー

こくりつこっかいとしょかん
こくさいこどもとしょかん
㈰ 台東区上野公園12-49
㈪ 03-3827-2053 ㈷ 9:30～17:00
㈫ 月曜・第3水曜、祝日
（こどもの日は開館） ㊎ 無料
※資料のある部屋は撮影不可

旧帝国図書館としての威容を残すレンガ棟

旧来の鋳鉄製手すりを残しつつ、外側に新しいガラス手すりを設けた大階段

上野公園の緑に囲まれて

EVERYONEs CAFE

上野恩賜公園内に立地する“みんなのカフェ”。旬の食材や、東京都を産地とする食材などで仕上げたメニューが味わえる。フレッシュハーブティーやパンケーキも人気だ。

東京産たまごを使ったスフレパンケーキ キャラメルナッツ 3枚1900円

エブリワンズカフェ
㈰ 台東区上野公園8-4
㈪ 03-5815-8251
㈷ 10:00～21:00（土・日曜、祝日9:00～） ㈫ 無休

ホテル内にある人気レストラン

BISTRO NOHGA

ノーガホテル 上野 東京1階のオールデイダイニング。味噌、ハム、パンなど地域食材にこだわったフレンチベースの料理を提供する。

朝食からディナーまで気軽に利用できる

ビストロ・ノーガ
㈰ 台東区東上野2-21-10
㈪ 03-6284-2417
㈷ 朝食7:00～10:00、
ランチ11:30～14:00、
カフェ14:00～18:00
ディナー18:00～22:30
（21:30LO） ㈫ 不定休

パンダモチーフのパンをゲット

アンデルセン アトレ上野店

JR上野駅直結の商業施設、アトレ上野内にあるベーカリー。上野店では上野動物園のパンダにちなんだパンダモチーフのオリジナルパンを購入できる。なかでもパンダ食パンが人気！

ココアとミルクの生地を使ったパンダ食パンは1本1145円

アンデルセン アトレうえのてん
㈰ 台東区上野7-1-1
アトレ上野七番街1F
㈪ 03-5826-5842 ㈷ 7:30～22:00（カフェは～20:30LO）
㈫ アトレ上野に準ずる

甘味ツウが通う名店がココ！

あんみつ みはし

上野公園のそばにある甘味処。あんは北海道の十勝地方の小豆だけを使用するなど、素材を厳選している。定番のあんみつは10種類。そのほか季節のあんみつや白玉金時などもそろう。

クリームあんみつ 760円

㈰ 台東区上野4-9-7
㈪ 03-3831-0384
㈷ 10:30～21:00（20:30LO）
㈫ 不定休

ART MUSEUM SANPO

AREA: 03/10

青山

AOYAMA

小さなギャラリー探しが楽しいおしゃれな街へ

原宿駅から表参道駅までの表参道は、表参道ヒルズやハイブランドの旗艦店が立ち並ぶ洗練されたエリア。多くの人で賑わう表通りからひと足のばすと、根津美術館や山種美術館、ワタリウム美術館などがあり、喧騒から離れて静かにアート鑑賞を楽しむことができる。周辺の路地裏には、センスのいい小さな現代アートギャラリーも多数あるので、お気に入りのアートスポットが見つかるかも。

若者が集まる竹下通りを中心とした賑やかな原宿駅周辺には、話題のカフェやショップが集まっているので、アート鑑賞の前後に街を散策してみよう。

↓ ここもハズせない!!

岡本太郎記念館

芸術家・岡本太郎が40年以上暮らした自宅兼アトリエを当時のまま公開している。

CHECK P.140

山種美術館

日本初の日本画専門の美術館。近代・現代日本画を中心に古画、浮世絵、油彩画など約1800点を所蔵。

CHECK P.98

ワタリウム美術館

国際的なコンテンポラリー・アートを中心に展示する私設美術館。ショップやカフェも人気がある。

CHECK P.124

根津美術館

国宝、重要文化財を含む日本・東洋古美術約7600点をコレクション。美しい庭園も見どころ。

CHECK P.28

1 開放的な展示空間が魅力

エスパス ルイ・ヴィトン東京

¥0 FREE

ルイ・ヴィトン表参道ビル内にあるアートスペース。建築家・青木淳がデザインした建物で、トランクを積み重ねたようなスタイリッシュな外観が目を引く。7階のアートスペースは3面ガラス張り。現代アートとアーティストのインスピレーションの源となる芸術機関フォンダシオン ルイ・ヴィトンの所蔵作品を展示し、クリエイティビティを刺激する空間とアートの融合を楽しめる。

エスパス ルイ・ヴィトンとうきょう
(住) 渋谷区神宮前5-7-5 ルイ・ヴィトン表参道ビル7F
(電) 0120-00-1854
(時) 12:00～20:00 (企画展開催時のみ開館)
(休) ルイ・ヴィトン 表参道店に準ずる (¥) 無料

上2点は2024-2025年開催のウェイド・ガイトン展
《UNTITLED》、2022年

Courtesy of the artist and Fondation Louis Vuitton, Paris
Photo: ©Jérémie Souteyrat / Louis Vuitton

企画展開催時は20時まで開館

©Louis Vuitton / Daici Ano

昼と夜、両方訪れるのがおすすめだよ

葛飾北斎の代表作である『冨嶽三十六景』は富士山を日本各地のさまざまな場所から描いたシリーズ。北斎が72歳の頃に制作された

葛飾北斎「冨嶽三十六景　神奈川沖浪裏」

遠近法を得意とした歌川広重。近景に大きく梅を、遠景に小さく人々を描いている

歌川広重「名所江戸百景　亀戸梅屋舗」

//美しい浮世絵の世界へ！//

2 毎月異なる浮世絵を楽しめる 太田記念美術館

表参道から一本入った路地にある、浮世絵専門の美術館。葛飾北斎や歌川広重、歌川国芳をはじめとする江戸時代の人気絵師の作品など約1万5000点を所蔵している。現在でいう写真集的な位置づけだった役者絵や美人画、観光スポットを描いた風景画など、さまざまなジャンルの浮世絵があり、多彩な切り口の展覧会で紹介している。

おおたきねんびじゅつかん
(住) 渋谷区神宮前1-10-10　(電) 050-5541-8600（ハローダイヤル）
(時) 10:30～17:30（最終入館17:00）　(休) 月曜（祝日の場合翌日）、展示替え期間　(¥) 展覧会により異なる

2　1

1 落ち着いた雰囲気の展示室で、浮世絵を間近に鑑賞できる　2 実業家の5代太田清蔵が昭和初期から蒐集したコレクションを公開する

個人コレクションとしては世界有数の浮世絵の数々！

1

3

2

1 空間を生かした展示方法で現代アートを中心に紹介している 2 吹き抜けの開放的な空間構成 3 開催される展覧会のジャンルは多岐にわたる

石本藤雄展ーマリメッコの花から陶の実へー(2019) 会場風景
撮影:大谷宗平(ナカサアンドパートナーズ)©スパイラル/株式会社ワコールアートセンター

3 テーマは「生活とアートの融合」 スパイラル

¥0 FREE

ギャラリーと多目的ホールを中心に、レストランやカフェ、生活雑貨ショップ、トータルビューティーサロンなどを擁する複合文化施設。コンテンポラリーアートやデザインをテーマとした展覧会を開催するほか、コンサートやファッションショーなども行われる。建物は建築家・槇文彦の設計。80年代の日本のポスト・モダン建築を代表する建築物といわれる。

(住) 港区南青山5-6-23 (電) 03-3498-1171
(時) 11:00～19:00 (休) 不定休 (¥) 無料

\\ 空間がまるごとアート! //

企画展は年に数回行われるので、訪れるたびに異なるアートを鑑賞できる。ショップやカフェも併せて楽しもう

Ascending Art Annual Vol.3「うたう命、うねる心」(2019) 会場風景
撮影:川瀬一絵 ©スパイラル/株式会社ワコールアートセンター

2

1

1 1階奥の吹き抜けに螺旋スロープがあり、施設名の由来にもなっている 2 数多くの部分的形体をコラージュしたユニークな外観

\\ 小さなアートギャラリー♪ //

3

1 表参道の路地にあるアートスペース。入場は無料　2 階段にもかわいいアート作品が　3 天井が高く、奥行きのある2階のギャラリースペース。1階は受付と談話室になっている

4 こぢんまりとしたアートスペース ピンポイントギャラリー

¥0 FREE

イラストレーションや絵本などの個展、画廊企画のグループ展などを運営する小さなギャラリー。公募の絵本コンペを行い、毎年7月に行われる受賞展覧会などを通じて、若手絵本作家をバックアップしている。大人も楽しめる絵本の展覧会や、ワークショップも開催。

㊟ 渋谷区神宮前5-49-5 Rハウス
㊐ 03-3409-8268　㊋ 展覧会により異なる
㊡ 展覧会により異なる　¥ 無料

気軽に見にきてね！

2　1

5 活気あふれるアートの発信地 DESIGN FESTA GALLERY WEST

誰もが出展できるレンタルスペースギャラリー。12のスペースでは常に、個展やグループ展、ワークショップ、映画上映会など、気鋭のアーティストによる催しが多数。オリジナリティあふれる作品との出合いや出展者と直接やりとりできるのも醍醐味だ。カフェも併設。

デザインフェスタギャラリーウエスト
㊟ 渋谷区神宮前3-20-18　㊐ 03-3479-1442
㊋ 11:00～20:00　㊡ 無休　¥ 基本無料

カラフルでポップな外観が目印。最新アートの発信地だ

飲食店エリアを挟んで東側にはEAST館がある

ここでしか見られない個性的な作品

作品展示のほか、雑貨やアパレルの販売なども。クラフト教室、演劇やトークショーなど、クリエイティブの拠点に幅広く活用されている

自分らしくくつろいだ時間を
call

オリジナルのテキスタイルもショップで販売

心地よい暮らしを提案する「ミナ ペルホネン」の直営店。ファッションや雑貨のショップのほか、ヘルシーな食を提供するカフェ「家と庭」、旬の野菜が並ぶマーケットも併設する。

コール
㊟ 港区南青山5-6-23スパイラル5F ㊔ 03-6825-3733
㊓ ストア11:00～20:00、カフェ11:00～19:00（フード18:00LO、デザート・ドリンク18:30LO）
㊡ 不定休

昔ながらのホットケーキが美味
画廊喫茶 神宮苑

ギャラリーとカフェが一体となった画廊喫茶。アート鑑賞しながらハンドドリップコーヒーや軽食、スイーツでひと休みできる。スパゲッティナポリタンやホットケーキなど、昔ながらの喫茶店メニューが人気。

自家製厚焼きホットケーキ800円はボリューム満点

がろうきっさ じんぐうえん
㊟ 渋谷区神宮前3-14-17
㊔ 03-6804-3536
㊓ 11:00～19:00（18:30LO）
㊡ 日曜

アートなミュージアムショップ
MoMA デザインストア

世界有数の近現代美術のコレクションを有するニューヨーク近代美術館「MoMA」のキュレーターがセレクトするデザインショップ。食器やステーショナリーなど幅広いアイテムがそろう。

NYヤンキースキャップ ネイビー MoMA Edition6050円

Bodum Oktett ワイングラス マルチカラー2個セット3630円

モマ デザインストア
㊟ 渋谷区神宮前5-10-1 GYRE 3F ㊔ 03-5468-5801
㊓ 11:00～20:00
㊡ GYREビルに準ずる

青山通りにある都会のオアシス
梅窓院

寛永20（1643）年、大名青山家の菩提寺として開山した寺院。2003年に建築家の隈研吾氏により再建され、近代的な建物が特徴的な都会のオアシスとして生まれ変わった。泰平観音を安置する観音堂と本堂を見学することができる。

金明孟宗竹の参道から境内へ。「青山の観音様」と呼ばれる泰平観音を安置

ばいそういん
㊟ 港区南青山2-26-38
㊔ 03-3404-8447
㊓ 8:30～16:30 ㊡ 無休
¥ 無料

こだわりの味を淹れたてで！
Brew Tea Co. 南青山店

ノーマルティー（ホット＆アイス）330円

イギリス発の人気ブランドの味が楽しめるティースタンド。ティーバッグ1404円～や、缶入りリーフティー2916円～はギフトに人気。テイクアウトでおすすめの茶葉を味わってみては。

ブリューティーカンパニー みなみあおやまてん
㊟ 港区南青山6-6-21 3F
㊔ 03-6712-6895
㊓ 10:00～18:00
㊡ 日・月・火曜

目黒＆恵比寿

お散歩しながら
アート巡り

MEGURO & EBISU

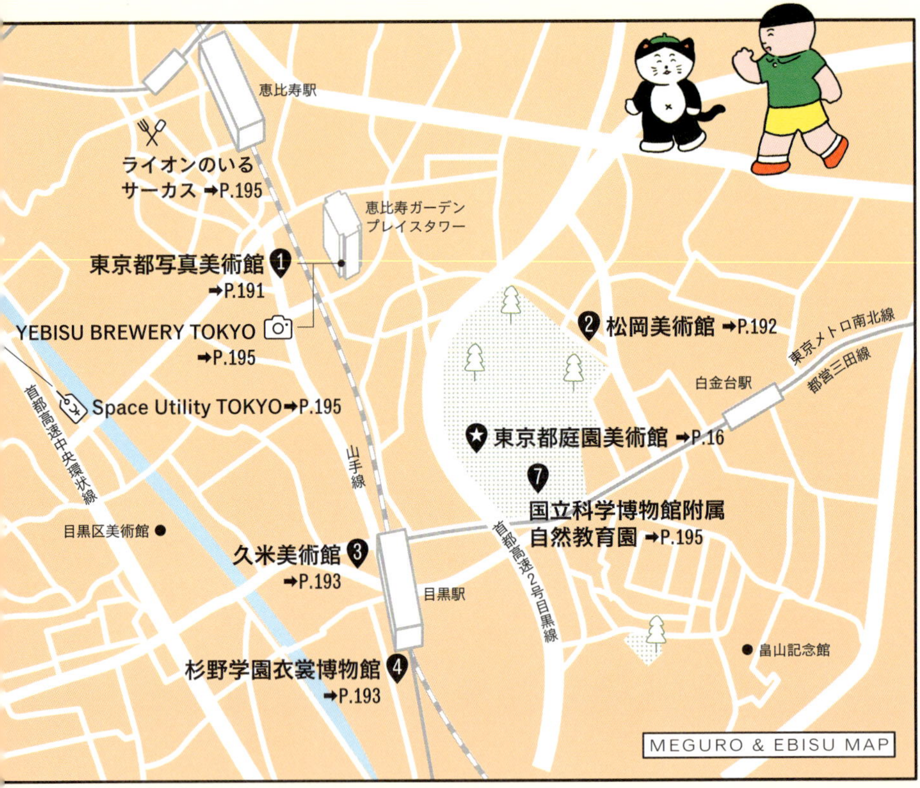

小さな美術館を探しておしゃれな街をブラブラ♪

ランチやショッピングで人気の目黒・恵比寿エリアには、美術鑑賞が楽しめるアートスポットも点在している。

緑に包まれた都会のオアシス、国立科学博物館附属自然教育園や東京都庭園美術館をはじめ、古代美術や写真、衣装、アクセサリーなど、ユニークなテーマを扱う小さな美術館など、多彩なスポットがそろっているのが魅力だ。

画廊にブックショップやカフェを併設した隠れ家的なコンテンポラリーアートギャラリーなども近年注目されている。

恵比寿駅や中目黒駅の周辺にはおしゃれなカフェやショップも多いので、アート鑑賞と併せて街の散策も楽しめる。

↓ ここもハズせない!!

東京都庭園美術館

アール・デコ様式が美しい旧朝香宮邸を活用した美術館。四季の移ろいを感じられる庭園も魅力。

CHECK P.16

1 多彩なテーマの写真＆映像展が魅力！

東京都写真美術館

メインエントランスへ続く外壁には、ロベール・ドアノー、ロバート・キャパ、植田正治の3人の写真家による代表作が並ぶ

写真と映像を専門に扱う日本初の美術館。2025年1月に総合開館30周年を迎えた。3万7000点超（2024年3月末時点）の収蔵作品を中心としたTOPコレクション、国内外から集めた作品を紹介する自主企画展などを開催。映画の上映を行う1階ホールのほか、貴重な写真集が見られる図書室も併設。写真や映像に関する書籍やグッズが充実したミュージアムショップや、鑑賞前後の休憩や待ち合わせに便利なカフェもある。

2

1

1 展覧会関連商品やオリジナルグッズがそろうミュージアムショップ
2 年間を通して、3つの展示室でさまざまな展覧会を開催する

明治時代の写真機など、貴重な資料も所蔵している

《CENTURY No2》
明治33(1900)年頃
東京都写真美術館蔵

とうきょうとしゃしんびじゅつかん

㊟ 目黒区三田1-13-3 恵比寿ガーデンプレイス内
㊢ 03-3280-0099
㊡ 10:00～18:00、木・金曜～20:00（最終入館は30分前）
㊡ 月曜（祝日の場合翌日）
¥ 展覧会により異なる

1

2

1 ガンダーラ石像彫刻群が並ぶ館内　2 美術館は、白金台の閑静な住宅街にあり、外苑西通りから少し入った場所に位置する

色々な時代の
アート作品が
一堂に！

貴重な古代アートの数々は必見！

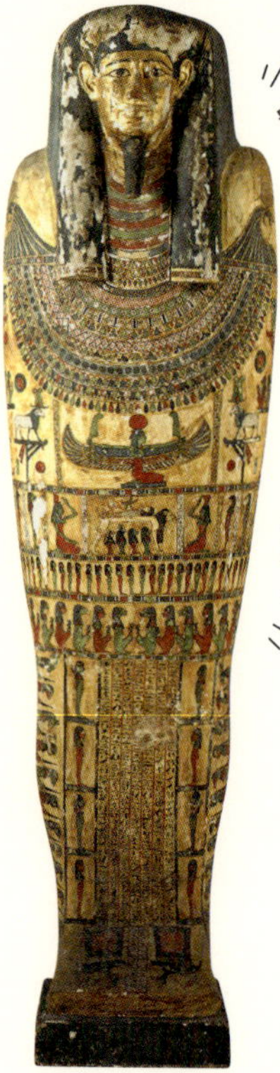

古代エジプトの棺がガラスケース内に展示されている

《彩色木棺》末期王朝時代
第30王朝-
プトレマイオス朝初期
紀元前4世紀頃

アルテミスや
ミネルヴァなどの
ギリシャ彫刻も

正面玄関ではエミール＝アントワーヌ・ブールデル《ペネロープ》がお出迎え

2 国立美術館に匹敵する所蔵品

松岡美術館

松岡地所創立者の実業家・松岡清次郎が蒐集したコレクションを所蔵・公開するため、昭和50（1975）年に開館。現在は松岡の私邸跡地に建設した美術館で作品を展示している。ガンダーラ石像彫刻群や中国の陶磁器、フランスの近代絵画など、収蔵品のジャンルは多岐にわたる。松岡というコレクターの軌跡を辿りつつ、時代や洋の東西を超えた美の世界を鑑賞できる。スマートフォンがあれば、無料アプリを利用して追加の解説文を読むことも可能だ。

まつおかびじゅつかん
㊟ 港区白金台5-12-6　㊢ 03-5449-0251
㊡ 10:00～17:00（最終入館16:30）
㊡ 月曜（祝日の場合翌平日）
¥ 1400円

＼ 明治時代の先人の足跡を辿る ／

《米欧回覧実記》挿絵　1878年

久米桂一郎《清水寺》 1893年

久米桂一郎《林檎拾い》 1892年

明治時代の風景・風俗が分かる作品の数々。桂一郎は光あふれる外光派の画家として活動し、フランス留学中に制作された風景画も

③ 久米父子の偉大な功績を紹介 久米美術館

久米邦武とその長男の桂一郎の作品・資料を展示する美術館。邦武は岩倉使節団に随行し『米欧回覧実記』を記した歴史家。当時の原稿や著書を公開している。桂一郎は明治時代に洋画家として活動。絵画や遺品などが展示されている。久米父子の作品のほか、桂一郎の師匠であるラファエル・コランや、友人で画家の黒田清輝の作品など、関係の深い人物の作品も併せて紹介する作品展も随時開催している。

くめびじゅつかん
㊟ 品川区上大崎2-25-5 久米ビル8F
㊫ 03-3491-1510
㊡ 10:00～17:00（最終入館16:30）
㊡ 月曜（祝日の場合翌日）、展示替え期間
㊎ 500円

＼ 平安時代以降に発展した束帯 ／

2

3

1

1《デイ・ドレス》19世紀末～20世紀初頭　2《武官束帯》年代不詳　3 十二単と武官束帯。着物や西洋衣装のほか、ファッションプレートなども収蔵

博物館では服飾に関する資料の調査・研究も行われる

④ 日本で最初の衣装博物館！ 杉野学園衣裳博物館

日本に洋装を定着させ、モードの創出に取り組んだ杉野芳子によって昭和32(1957)年に創立された。自ら収集した資料は西洋衣装を中心に、日本の着物や十二単、アジア・ヨーロッパの民族衣装など、多岐にわたる。そのほか、日本マネキンの歴史的変遷が分かる楮製《ちょせい》紙《し》製のマネキンも収蔵。随時新しいテーマで展覧会を開催している。杉野服飾大学、ドレスメーカー学院の校舎に囲まれ、附属研究施設としての役割も。

すぎのがくえんいしょうはくぶつかん
㊟ 品川区上大崎4-6-19　㊫ 03-6910-4413
㊡ 10:00～16:00
㊡ 日曜・祝日、杉野服飾大学に準ずる
㊎ 300円

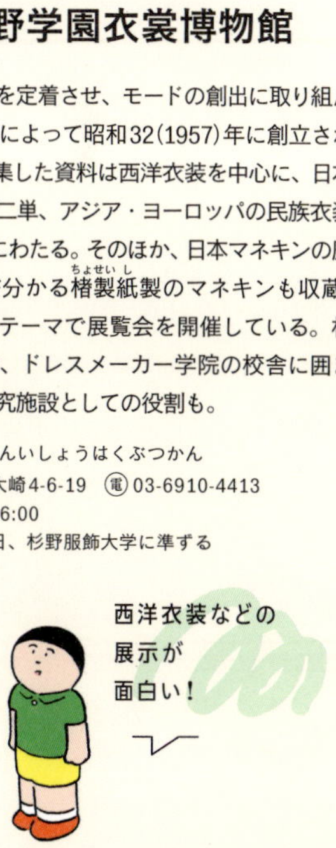

5

日本人が大好きな“桜”に出合える

郷さくら美術館

郷さくら美術館は、2012年に現代日本画の専門美術館として開館。扱う作品は昭和以降に生まれた作家のものが中心で、50号を超えるダイナミックな作品を数多く所蔵している。1000点を超えるコレクションは、どの作品も繊細さと大胆さが同居している。春に開催される「桜花賞展」は、日本画の若手登竜門として注目される桜花賞の作品と、桜の大作を鑑賞できる展覧会として人気を集める。

さとさくらびじゅつかん
㊟目黒区上目黒1-7-13 ㊫03-3496-1771
㊢10:00～17:00（最終入館16:30）
㊡月曜（祝日の場合翌日）、展示替え期間
㊉800円

＼＼ 桜モチーフの作品が多数！ ／／

1　中島千波《櫻雲の目黒川》2013年

2

1 季節を問わずさまざまな桜の作品が見られる　2 黒の美濃焼タイル約1100枚を使っているというスタイリッシュな建築が目を引く

6

世界中のアクセサリーが一堂に

アクセサリーミュージアム

ガラスや樹脂などを使ったコスチュームジュエリーを公開する美術館。創設者の田中元子館長は、長年アクセサリーデザイナーとして活躍しており、作品制作の資料として世界中から集めたコレクションを年代順に展示している。1960年代以降のヒッピー文化、ストリートカルチャーで花開いたポップなアクセサリーが充実。アクセサリーのデザインの進化をたどりながら、1830～2000年代のファッション・風俗を知ることができる。

㊟目黒区上目黒4-33-12 ㊫03-3760-7411
㊢10:00～17:00
㊡月曜、第4・5日曜、展示替え期間、夏季・冬季休
㊉1000円

1

ミリアム・ハスケル
1950～60年代
ガラス、人工真珠、真鍮

貴重なアクセサリーの数々にうっとり♡

2

1 20世紀初頭には新素材が開発され、コスチュームジュエリーの表現の幅が広がった　2 海外のジュエリーだけでなく、貴重な日本製の装飾品や絵画、家具も

＼ ヴィクトリアン時代のアクセサリーも！ ／

陶器、貝、銀、真鍮

銀細工やレース編みなど、繊細な飾りが施されたブローチ

1

2

1 都心とは思えない緑豊かな園内。植物、昆虫に関するイベントなども随時開催している　2 約6万坪の広大な敷地。園内ではカワセミを見られることも！

四季折々の自然のなかを散策できる

7 国立科学博物館附属自然教育園

目黒駅から徒歩約10分の場所にある都会のオアシス。植物園のように整備するのではなく、自然のままの生態系が残されているので、ありのままの自然に出合うことができる。四季折々の風景を楽しむことができ、特に11月下旬から12月上旬にかけては紅葉が美しい。

こくりつかがくはくぶつかんふぞく しぜんきょういくえん
㊟ 港区白金台5-21-5　㊢ 03-3441-7176
㊓ 9:00～16:30（最終入園16:00）　㊡ 月曜（祝日の場合翌日）、祝日の翌日（翌日が土・日曜の場合開園）
¥ 320円

新たな何かに出合えるかも！

Space Utility TOKYO

築100年の長屋を改装した建物にギャラリー、ショップ、フリーペーパー専門店を備える交流拠点。同人誌やひとり出版社の書籍、作家ものの雑貨など、個性的なアイテムを販売している。

インディペンデントな作家の活動を応援している

スペースユーティリティトーキョー
㊟ 目黒区中目黒3-5-3
㊢ 03-4400-5038　㊓ 12:00～19:00（日曜・祝日は～18:00）　㊡ 月・火曜

アンティークな雰囲気が素敵

ライオンのいるサーカス

カフェ利用もできるダイニングバー。本やアンティーク家具に囲まれた店内で創作料理を味わえる。名物は静岡県富士市のB級グルメであるつけナポリタン1300円。トマトスープと牛すじ肉がベストマッチ。

ランチ、カフェ、ディナーのほかバーとしてもOK

㊟ 渋谷区恵比寿南2-3-1 バイザ恵比寿301
㊢ 03-6452-3657
㊓ 11:30～15:00（土・日曜・祝日～16:30）、17:00～23:00（土・日曜・祝日16:30～）　㊡ 不定休

おしゃれなライフスタイルストア

1LDK apartments.

セレクトショップ「1LDK」がプロデュースするコンセプトストア。雑貨店やウィメンズ向けのアパレルショップ、ランチが楽しめるカフェが併設し、衣食住を通じてライフスタイルを提案する。

1LDK STAND
LOGO CAP 4950円

ワンエルディーケー アパートメンツ
㊟ 目黒区上目黒1-7-13 B-TOWN EAST 1F
㊢ 03-5728-7140
㊓ 13:00～19:00（土・日曜・祝日12:00～）　㊡ 無休

ヱビスビール発祥地で学ぶ

YEBISU BREWERY TOKYO

2024年に開館した醸造施設を伴うヱビスのブランド体験拠点。見学したあとは、ここでしか飲めない貴重な一杯を。試飲体験付きのガイドツアー1800円（要予約）も人気だ。

タップルームでは限定銘柄を含め約6種を販売。1杯1100円～

ヱビス ブルワリー トウキョウ
㊟ 渋谷区恵比寿4-20-1 恵比寿ガーデンプレイス内
㊢ 03-5423-7255
㊓ 12:00～20:00、土・日曜・祝日11:00～19:00　㊡ 火曜

渋谷

SHIBUYA

個性派ショップがたくさんあるよ

注目のアートな大型施設が誕生！

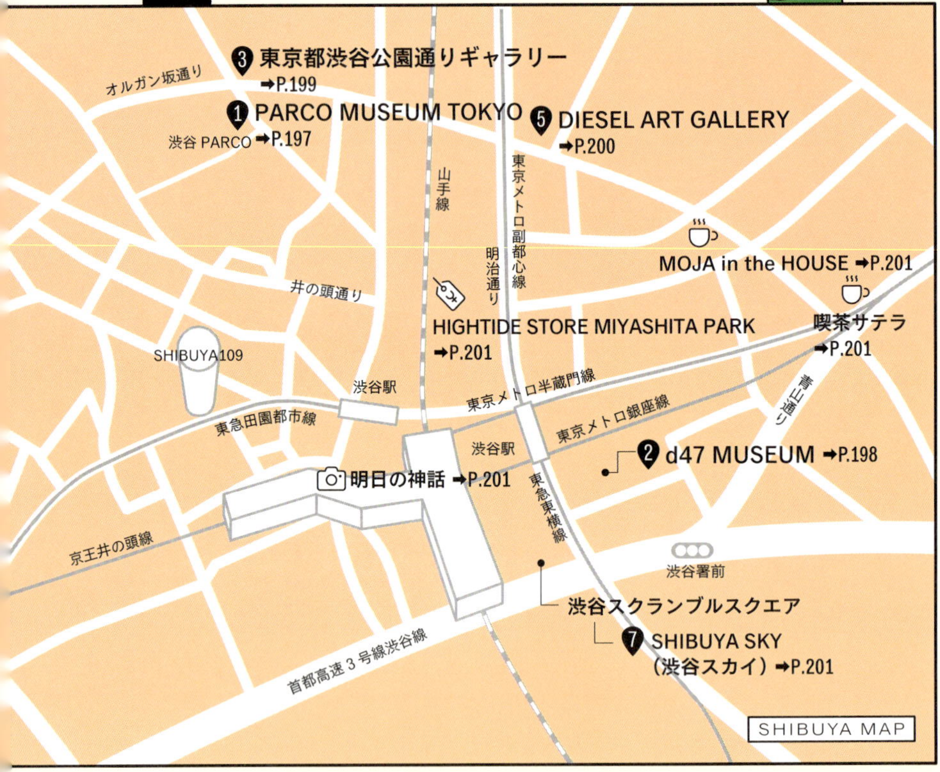

新しいカルチャーが次々と生まれる〝進化する〟街

最新のポップカルチャーや流行のファッションが集まる街・渋谷。少し視線を変えると、戸栗美術館や渋谷区立松濤美術館のほか、小さなギャラリーが点在する文化・芸術の街でもあることに気づく。

近年は渋谷駅周辺の再開発が進み、道玄坂通 dogenzaka-dori、渋谷サクラステージといった新名所が次々とオープン。渋谷最高峰の展望台を有する渋谷スクランブルスクエアと、開業以来、渋谷のカルチャーを牽引してきた渋谷PARCOも引き続き注目だ。海外からの視線も熱い、大人カルチャーの発信地へと劇的に変化した渋谷へ遊びに行こう。

1 最先端の感性を世界に発信する

PARCO MUSEUM TOKYO

グッズコーナーも併設されるPARCO MUSEUM TOKYOのエントランス

2019年11月にグランドオープンした新生・渋谷PARCOは、アート＆エンタテインメント性の高い専門店やギャラリー、飲食店がひしめく、新たな渋谷カルチャーの発信地。PARCO MUSEUM TOKYOはその4階に誕生したパルコ直営のアートスペース。国内外の第一線で活躍するアーティストを招いた企画展や、アートだけでなくデザインやファッション、カルチャーなどをテーマにした独自の展覧会を開催している。

パルコミュージアムトーキョー
㊟ 渋谷区宇田川町 15-1　㊊ 03-6455-2697　(時) 11:00～21:00（最終入場20:30）　(休) 不定休　(¥) 展覧会により異なる

＼ アートスペースをチェック ／

ほぼ日曜日

「ほぼ日刊イトイ新聞」が運営するマルチスペース。展覧会やライブ、ワークショップなど、あらゆる「表現」が展開される。

㊟ 渋谷PARCO 8F

GALLERY X BY PARCO

パルコ直営のギャラリー。あらゆるカルチャーをエッジの効いた編集・キュレーションで見せる。

㊟ 渋谷PARCO B1F

OIL by 美術手帖

¥0 FREE

美術専門誌『美術手帖』が運営するアートECサイトの実店舗。ギャラリーとショップスペースが併設されている。

㊟ 渋谷PARCO 2F

おもしろそうなスポットがいっぱいあるね

ミュージアム内は企画展のテーマに沿った47都道府県の展示が広がる。日本のものづくりの今を体感できる

2 “ニッポン”を知りつくす美術館

d47 MUSEUM

渋谷ヒカリエ内にある47都道府県をテーマにしたミュージアム。「旅」「発酵」「着る」など、さまざまな切り口の企画展を開催し、都道府県の個性を紹介している。d47 食堂とd47 design travel storeが隣接し、3つの空間でそれぞれ「感じる」＝d47 MUSEUM、「食べる」＝d47 食堂、「手に入れる」＝d47 design travel storeことができる。

ディヨンナナ ミュージアム
㊟ 渋谷区渋谷2-21-1 渋谷ヒカリエ8F
㊫ 03-6427-2301
㊡ 12:00～20:00（最終入館19:30）
㊡ 展示替え期間
¥ 展覧会により異なる

dは「design」 のd、47は「都道府県」の数。日本中の「個性」が集められる

d47 食堂

47都道府県の郷土料理が楽しめる食堂＆カフェ。月ごとに都道府県が変わり、各地の地物の食材が楽しめる「〇〇県定食」が人気。

長崎定食 松浦港のアジフライ＋ごはんセット2300円

1

2

1 ドリップコーヒー248円。沖縄セラードコーヒーとのオリジナル商品　2 陶芸家・萩原将之のぐい呑み4070円

d47 design travel store

デザイン目線の観光ガイド『d design travel』編集部のお店。全国で作られている漆器や塗箸などの伝統工芸品、調味料、地ビールなどを販売している。

アール・ブリュット2023巡回展「ディア ストーリーズ　ものがたり、かたりあう」展示風景（撮影：柿島達郎）

アートを通して“多様性”に注目

3 ダイバーシティがテーマのアートスポット
東京都渋谷公園通りギャラリー

専門的な美術の教育を受けていない人などによる、独自の発想や表現方法が注目されるアート「アール・ブリュット」をはじめとする、多彩な作品を紹介。展覧会や関連イベントを通して、多様な人々の創造性に触れることができる。交流スペースではワークショップやトークなどを開催。

とうきょうとしぶやこうえんどおりギャラリー
㊟ 渋谷区神南1-19-8 渋谷区立勤労福祉会館 1F
㊂ 03-5422-3151　㊋ 11:00～19:00
㊡ 月曜（祝日の場合翌平日）、展示替え期間
￥ 無料

2　1

1 交流スペースはイベントのほか、アール・ブリュットの関連書籍などの閲覧スペースとしても使われる（撮影：佐藤基）
2ギャラリーは渋谷区立勤労福祉会館の1階にある（撮影：太田学）

見どころポイントのひとつが吹き抜けに渡るブリッジからの景色。上を見上げると楕円形に切り抜かれた空、下を見下ろすと楕円形の池と噴水が見える

“哲学の建築家”
白井晟一の設計

4 吹き抜けのある独特な建築
渋谷区立松濤美術館

渋谷の高級住宅街に佇む、石材を用いた美術館。日本画・洋画・彫刻・工芸などさまざまなジャンルの企画展を開催している。また、村田勝四郎、南薫造などの作品を収蔵している。中央の吹き抜け空間、地下にある池や噴水など、建物にも見どころがあり、建築好きも数多く訪れる。

しぶやくりつしょうとうびじゅつかん
㊟ 渋谷区松濤2-14-14　㊂ 03-3465-9421
㊋ 特別展開催期間 10:00～18:00（最終入館17:30）、
金曜～20:00（最終入館19:30）
公募展・サロン展開催期間 9:00～17:00（最終入館16:30）
㊡ 月曜（祝日の場合翌平日）、展示替え期間
￥ 展覧会により異なる

2　1

1 地下2階から上空へ抜ける楕円形の吹き抜け空間。縦溝のついた14本のアルミ製の柱が取り囲んでいる　2 2階展示室。展示室内の家具や調度品、廊下や階段の装飾にもこだわりが見られる

＼ おしゃれなアート空間♪ ／

5 強烈な個性に出合いたいならココ！
DIESEL ART GALLERY

¥0
FREE

イタリア発のファッションブランドDIESELがプロデュースするギャラリースペース。渋谷・明治通り沿いにある大型コンセプトストアDIESEL SHIBUYAの中にある。DIESELらしい"強烈な個性"を放つ世界各地のアーティストを招き、年4回のアート展を開催している。

ディーゼルアートギャラリー
㊟渋谷区渋谷1-23-16 cocoti B1F
㊐03-6427-5955
㊋11:30～20:00　㊡不定休　㊎無料

遊び心が
満載で楽しい！

DIESELが独自の視点で選んだアーティストの個展を開催。五感を刺激するユニークな作品に出合える

作品をはじめオリジナルグッズなどの販売も行っている

6 日本でも数少ない陶磁器専門の美術館
戸栗美術館

実業家・戸栗亨が長年にわたり蒐集した陶磁器の古美術品を収蔵している。美術館の立つ渋谷区松濤は、元佐賀藩主・鍋島家の屋敷があった場所。伊万里、鍋島などの肥前磁器および中国・朝鮮半島などの東洋陶磁を中心にした約7000点のコレクションを年4回の企画展で展示している。

とぐりびじゅつかん
㊟渋谷区松濤1-11-3　㊐03-3465-0070
㊋10:00～17:00（最終入館16:30）、
金・土曜～20:00（最終入館19:30）
㊡月・火曜（祝日の場合は開館）、
展示替え期間　㊎展覧会により異なる

＼＼ カラフルな色絵皿！ ／／

《色絵 竹虎梅樹文 輪花皿》
伊万里（柿右衛門様式）
江戸時代（17世紀後半）
口径21.8cm　戸栗美術館所蔵

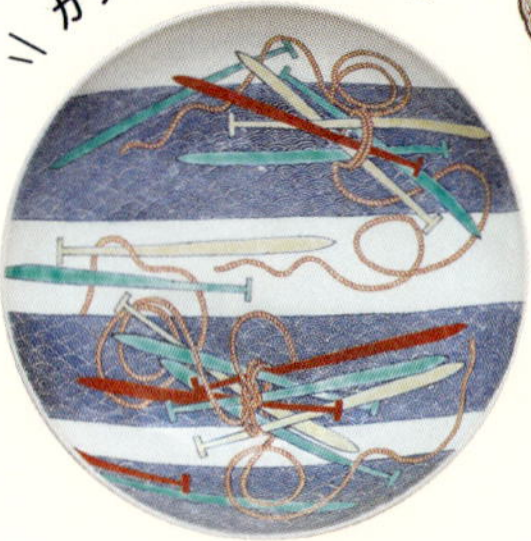

《色絵 十七櫂繋ぎ文 皿》
鍋島　江戸時代（17世紀末～18世紀初）
口径30.5cm　戸栗美術館所蔵

佐賀・有田で生まれた日本初の国産磁器「伊万里焼」や、それを献上品として昇華させた鍋島焼の魅力を知る

色も形も美しい
東洋の陶磁器たち

2　1

1 展示室は、企画展が行われる第1～3展示室、特別展示室、現代磁器作家の個展や所蔵陶片の小展示などを行っているやきもの展示室がある 2 庭園が見渡せるラウンジ

「SKY EDGE」

提供：渋谷スクランブルスクエア

絶景スポット！

7 渋谷駅直上に広がる展望施設
SHIBUYA SKY（渋谷スカイ）

2019年、大規模複合施設、渋谷スクランブルスクエア内に誕生した展望施設。14階～45階の移行空間「SKY GATE」、屋上展望空間「SKY STAGE」、46階の屋内展望回廊「SKY GALLERY」の3つのゾーンで構成されている。屋上の渋谷上空229mから見る360度の眺望は圧観。

提供：渋谷スクランブルスクエア

日本最大級の屋上展望空間「SKY STAGE」。360度パノラマビューで、富士山や東京スカイツリー®、渋谷の街並みを見渡せる。寝そべりながら空を見上げられるハンモックやソファも設置されている

夜もステキ♪

シブヤスカイ（しぶやスカイ）

㊟ 渋谷区渋谷2-24-12 渋谷スクランブルスクエア 14F、45F、46F、屋上

㊂ 03-4221-0229 ㊋ 10:00～22:30（最終入場21:20）

㊡ 不定休

¥ 当日券2500円～、ウェブチケット2200円～

都内唯一のフラッグシップショップ
HIGHTIDE STORE MIYASHITA PARK

福岡の文具・雑貨メーカーの直営店。日々の生活を豊かにするような機能性やデザインにこだわったオリジナル商品が並ぶ。店舗限定商品や国内外のセレクトアイテムも充実している。

クリエイターやブランドのPOPアップイベントも開催

ハイタイドストア ミヤシタパーク

㊟ 渋谷区神宮前6-20-10 MIYASHITA PARK South 2F

㊂ 03-6450-6203

㊋ 11:00～21:00 ㊡ 不定休

縦5.5m ×横30mの巨大壁画
明日の神話

撮影：日比野武男

渋谷マークシティの連絡通路にある岡本太郎の巨大壁画。2003年、メキシコシティ郊外の資材置場で発見された。

あすのしんわ

㊟ 京王井の頭線・JR線渋谷駅連絡通路

㊋ 京王井の頭線 始発～終電

老舗を受け継いだ新店舗
喫茶サテラ

48年間営業した青山茶館を受け継ぎ、2020年にリニューアルオープンした純喫茶。かつての店舗を生かしたというテーブル席で、自家焙煎のコーヒーをいただきたい。

老舗ならではの佇まいを残し、落ち着きある空間に

きっさサテラ

㊟ 渋谷区渋谷1-7-5 青山セブンハイツ1階

㊂ 080-8444-4243

㊋ 10:00～22:00（21:30LO）

㊡ 不定休

アメリカンな気分に浸れる
MOJA in the HOUSE

アメリカの古きよきダイナーを思わせるおしゃれなカフェ。ジューシーなチキンをのせたワッフルにメイプルシロップをかけたワッフルチキン（平日は14時～、土・日曜、祝日は11時～）が名物。

ヴィンテージ家具やポップなアートが並ぶこだわりの空間

モジャ イン ザ ハウス

㊟ 渋谷区渋谷1-11-1-2F ㊂ 03-6418-8144

㊋ 11:00～22:00LO ㊡ 無休

ART MUSEUM SANPO

AREA: 06/10

銀座

GINZA

ギャラリーや
画廊が集まる
アート密集地！

↓ここもハズせない!!

アドミュージアム東京

カレッタ汐留内にある広告をテーマにした博物館。江戸時代から現代までの広告の歴史やポスター、懐かしいテレビCMなどを鑑賞できる。

CHECK P.156

銀ブラしながら "一流"のアートに 出合える！

高級レストランやハイブランドショップが立ち並ぶ大人の街・銀座。明治の文明開化以降、和洋折衷のハイカラな文化を発信し、時代を経ても世界からトレンドが集まり続けている。

街を歩けば、創業100年を越える老舗店や昭和レトロな喫茶店が、今も健在。ギャラリーや画廊が密集する都内有数のアートスポットでもある。

パナソニック汐留美術館や銀座メゾンエルメス フォーラムなどの企業、ブランドが運営する美術館、MUSEE GINZA、国立映画アーカイブなどの伝統・歴史と現代を融合させたギャラリーなどで、刺激的なアートに出合うことができる。

＼ユニークな展示空間！／

企画展は、年間で約4回開催。「ベル・エポック―美しき時代パリに集った芸術家たち」展示風景（2024年）、撮影：Yukie Mikawa

1 照明へのこだわりがスゴい

パナソニック汐留美術館

パナソニック東京汐留ビルの4階にある美術館。フランスの画家ジョルジュ・ルオー（1891～1958）の油彩、版画約260点を収蔵。企画展やルオーの名を冠する世界唯一の「ルオー・ギャラリー」で紹介している。また、パナソニックが運営する美術館として、展示館内の照明に大きなこだわりがあるのもポイント。明るさや色温度、照射角度など、作品やテーマに合ったパターンに調整されており、作品の魅力が引き立つよう工夫がなされている。

パナソニックしおどめびじゅつかん
㊟ 港区東新橋1-5-1 パナソニック東京汐留ビル4F
㊣ 050-5541-8600（ハローダイヤル）
㊋ 10:00～18:00（最終入館17:30）
㊡ 水曜（祝日の場合開館）、展示替え期間
¥ 展覧会により異なる

4 3

3 ルオー作品が展示されている「ルオー・ギャラリー」
4 地上24階建てのパナソニック東京汐留ビル

＼照明の力で作品がより魅力的に／

1
2

1.2 企画展示室。壁紙や照明などを工夫して、テーマに合った鑑賞空間を創出している

POLA MUSEUM ANNEX

ギャラリースペースは1フロアのみ。コンパクトながら、年間を通して見応えのある展覧会が催される

"美は内面から"をモットーに

2 ポーラ ミュージアム アネックス

¥0
FREE

ポーラ銀座ビルの3階にあるギャラリースペース。2009年、ポーラ創業80周年を記念して開設された。"気軽にアートを体感し、芸術を通して美意識・感性を磨ける場"として、現代アートを中心に、ファッション、伝統工芸など多彩なテーマの企画展を開いている。毎年行われる「ポーラ ミュージアム アネックス展」では、国内外から注目を集める若手アーティストの作品を展示。年間を通じ、無料で入場できる。

(住) 中央区銀座1-7-7 ポーラ銀座ビル3F
(電) 050-5541-8600 (ハローダイヤル)
(時) 11:00～19:00 (最終入館18:30)
(休) 会期中無休　(¥) 無料

「美」を極める
ミュージアム
なんだね～

シャガールやマティスなどポーラ美術館コレクションが鑑賞できる機会も。「マティス ― 色彩を奏でる」2024© ポーラ ミュージアム アネックス　展示風景

POLA MUSEUM ANNEX

2　1

1「美容」「美術」「美食」3つの美をコンセプトにするポーラ銀座ビル　2 ショッピングやギャラリー巡りをするついでに立ち寄ろう

＼ 映画好きには
たまらない！ ／

3

1

2

1.3 映画のポスターや機材、映画人の遺品などを展示している7階展示室の常設展「NFAJコレクションでみる 日本映画の歴史」 2 4階の図書館では和・洋書の単行本、国内外の映画祭カタログや映画雑誌など5万4000冊以上の映画図書を閲覧できる

3 フィルムの素晴らしさを再確認 国立映画アーカイブ

日本で6館目の国立美術館。東京国立近代美術館フィルムセンターから2018年に改組した。日本唯一の国立映画専門機関として映画フィルムや映画関連資料の収集・保存・研究・公開を行う。館内には2つの上映ホールが設置されており、監督・俳優・製作国・ジャンル・時代など、さまざまなテーマに合わせた特集上映を行っているほか、図書室、展示室でも所蔵品を公開している。

こくりつえいがアーカイブ
㊟ 中央区京橋 3-7-6
㊂ 050-5541-8600（ハローダイヤル）
㊋ 展示室11:00～18:30（最終入室18:00）、
毎月末金曜～20:00（最終入室19:30）
㊡ 月曜、展示替え期間
¥ 250円

建築家・蘆原義信の設計により1995年に完成した現在の国立映画アーカイブ京橋本館

＼ フィルム映画を100年先も
観られるように！ ／

1

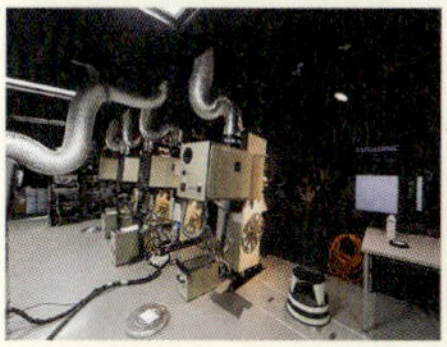

3

2

1 長瀬記念ホール OZU。映画のオリジナル表現を再現できるように16mm、35mm、70mmのフィルムから4Kデジタルの上映も可能　2 地下1階にある小ホール　3 フィルム映写機が設置された長瀬記念ホール OZUの映写室

1

2

3

1 建築や都市などをテーマにした企画展も年1～2回開催　2 元は油商店の事務所だった建築で、昭和初期に流行したスクラッチタイルの外観を留める　3 山口歴《OUT OF BOUNDS No.39》2017 Acrylic, epoxy resin on wood 91cm×104cm

④ 銀座の歴史建築でモダンアートを

MUSEE GINZA

¥0 FREE

昭和7（1932）年築の近代建築を保存するためにオープンしたギャラリーで、2024年には国の有形文化財に登録された。ネオ·ダダ風倉匠、磯崎新、篠原有司男、山口歴、クリスチャン·アヴァ、サム·フランシスなどの現代アート作品を廊下や通路に常設。19世紀末ウィーン分離派様式のアンティークガラスや工芸作品も見られる。

ミュゼ ギンザ
㊟ 中央区銀座1-20-17 川崎ブランドデザインビルヂング
㊂ 非公開
㊋ 金・土・日曜 13:30～15:00
㊡ 月～木曜　㊎ 無料

「ggg 第403回企画展 上西祐理 Now Printing」（2024年開催）
photo by Mitsumasa Fujitsuka

「ggg」《スリー・ジー》の愛称で親しまれる

⑥ ギンザ・グラフィック・ギャラリー

¥0 FREE

1986年にオープンしたグラフィックデザインの専門ギャラリー。印刷技術に関わるポスターやブックデザイン、実験的なグラフィックアートや映像作品など、国内外の優れた作家の多様な創作世界を紹介。年7回の展覧会と併せて、作家のトークショーや出版活動も行っている。

㊟ 中央区銀座7-7-2
DNP銀座ビル1F-B1F
㊂ 03-3571-5206
㊋ 11:00～19:00
㊡ 日曜、祝日
㊎ 無料

個性あふれる
作品が気軽に
楽しめる！

「エコロジー：循環をめぐるダイアローグ　つかの間の停泊者」ケイト・ニュービー 展示風景（2024年開催）

エルメス財団による現代美術ギャラリー

⑤ 銀座メゾンエルメス フォーラム

¥0 FREE

銀座メゾンエルメスの8階にあるギャラリースペース。イタリアの建築家レンゾ・ピアノ設計によるガラスブロックに囲まれた吹き抜けの空間で、国内外のアーティストによる現代美術の展覧会を年に3～4回開催している。

ガラスブロックが特徴的な銀座メゾンエルメス

ぎんざメゾンエルメス フォーラム
㊟ 中央区銀座5-4-1 8F
㊂ 03-3569-3300
㊋ 11:00～19:00（最終入場18:30）、日曜～19:00（最終入場18:30）
㊡ 不定休　㊎ 無料

スタイリッシュな穴場カフェ

CROSSING CAFE

銀座4丁目交差点にある日産ショールームNISSAN CROSSINGの2階にあるカフェ。日産のクルマを飲み物に転写できる「MACCHI-ART」やオリジナルドリンク「CROSSING SODA」が楽しめる。

MACCHI-ART（HOT500円、ICE600円）

クロッシング カフェ
㊟ 中央区銀座5-8-1 GINZA PLACE 2F
㊆ 03-3573-0623
㊇ 10:00～20:00 ㊡ 不定休

世界に誇る日本の伝統芸能

歌舞伎座

明治22（1889）年開場の歌舞伎の殿堂で、一年中歌舞伎を楽しめる日本唯一の劇場。複数の演目が見られる通常チケットのほか、一幕から見られるチケットも販売。みやげ店などもある。

一幕見席では好きな演目を1000～2000円前後で観劇できる

かぶきざ
㊟ 中央区銀座4-12-15 ㊆ 03-3545-6800
㊇ 公演により異なる ㊡ ¥ 公演により異なる

明治35（1902）年創業

資生堂パーラー 銀座本店サロン・ド・カフェ

昭和30年代にメニューに登場した「ストロベリーパフェ」はどこから見ても美しい“クラウンスタイル”。季節のフルーツを使ったパフェや伝統のアイスクリームソーダも味わえる。来店は予約不可。

ストロベリーパフェ2200円

しせいどうパーラー ぎんざ ほんてんサロン・ド・カフェ
㊟ 中央区銀座8-8-3 東京銀座資生堂ビル3F
㊆ 03-5537-6231 ㊇ 火～土曜11:00～21:00（20:30LO）、日曜、祝日11:00～20:00（19:30LO）㊡ 月曜（祝日の場合営業）

お祭りみたいなハレを味わう

木挽町広場

地下鉄東銀座駅直結で歌舞伎座地下2階に立地。歌舞伎グッズやおみやげ、弁当のほか、多彩な屋台が常時出店してまるで縁日のよう。大提灯はフォトスポットとして人気だ。

一番人気の定番商品、歌舞伎揚（10枚入り）1200円

こびきちょうひろば
㊟ 中央区銀座4-12-15
㊆ 03-3545-6551
㊇ 10:00～18:00 ㊡ 不定休

世界の美術館情報を網羅する

メゾン・デ・ミュゼ・デュ・モンド（MMM）

世界中の美術館・博物館の情報や魅力に触れることができる施設。蔵書資料約2200点を抱える地下1階のライブラリ、ミュージアムグッズなどを販売する1・2階のブティック、3階アートスペースからなる。

古代エジプトの青カバをはじめ世界のミュージアムグッズがそろう

メゾン・デ・ミュゼ・デュ・モンド
㊟ 中央区銀座7-7-4 DNP銀座アネックス ㊆ 03-3574-2380
㊇ 11:00～19:00 ㊡ 日曜、祝日、3月末、9月末

知る人ぞ知る最中の名店

空也

明治17（1884）年創業の老舗和菓子店。夏目漱石をはじめ、多くの文豪に愛された名物和菓子「空也もなか」は、1日7000個以上売れるという予約必須の看板メニュー。パリパリの皮とあんの小豆の風味がたまらない。

空也もなか（化粧箱入り10個）1200円

くうや
㊟ 中央区銀座6-7-19 ㊆ 03-3571-3304
㊇ 10:00～17:00、土曜～16:00
㊡ 日曜、祝日

日本橋

NIHONBASHI

とっても深い歴史があるけど新しい

とにかく本物が楽しめる街

伝統も新しさも
両方楽しめる!

江戸随一の商業地だった日本橋。名橋「日本橋」は、五街道の起点となっている。
両替商や呉服商など、さまざまな店が軒を連ね、やがて経済の中心地に。この地に呉服店を開いた越後屋は三井財閥(現三井グループ)のルーツで、現在、越後屋跡には三井記念美術館を擁する三井本館が建っている。
薬問屋街があった名残もあり、製薬会社やくすりのミュージアムなども。実は日本橋は銀座に次いでギャラリーが多い隠れアートエリア。新旧両方の側面を見ながら、芸術を楽しもう。

約350年の歴史を持つ
三井家伝来のコレクション

① 建物は国の重要文化財!

三井記念美術館

中央通りに面した三井本館の7階にある美術館。三井本館は、昭和初期の日本を代表する重厚な洋風建築として国の重要文化財に指定されており、美術館の入り口は、隣接する日本橋三井タワーのアトリウムに設けられている。展示室はかつて重役の特別食堂だった部屋もあり、創建当時の内装を活かした鑑賞空間も見どころ。約350年の歴史を持つ三井家が、江戸時代から収集し続けてきた日本・東洋の古美術品を約4000点所蔵し展示するほか、さまざまなテーマによる特別展も年数回開催している。

三井財閥ってスゴいんだね〜〜〜

みついきねんびじゅつかん
(住) 中央区日本橋室町2-1-1 三井本館7F
(電) 050-5541-8600(ハローダイヤル)
(時) 10:00〜17:00(最終入館16:30)
(休) 月曜、展示替え期間
(¥) 館蔵品展1200円、特別展は別途料金

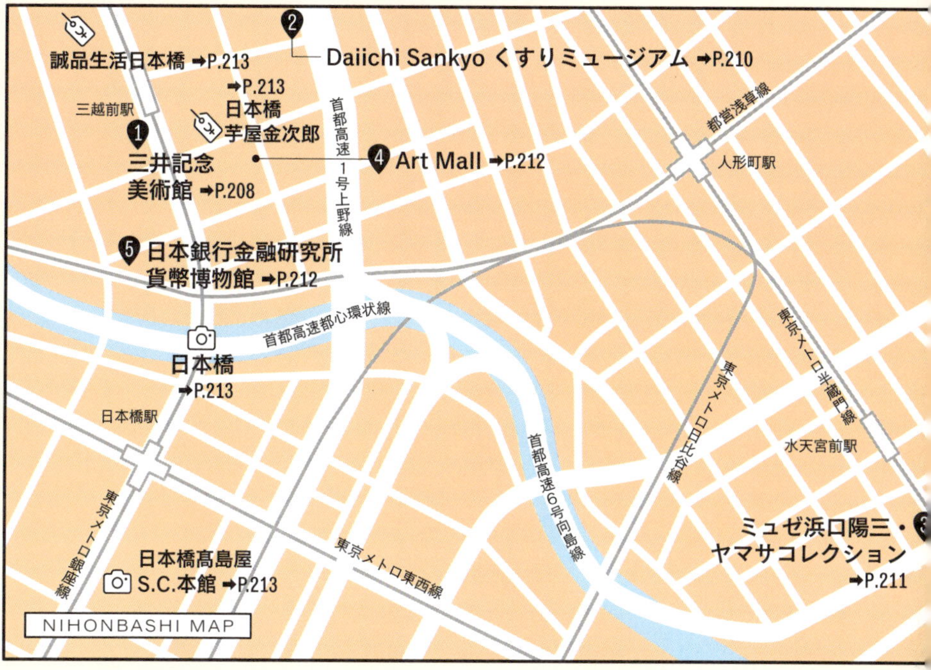

＼ 円山応挙が三井家のために描いた ／

国宝《雪松図屏風　円山応挙筆　六曲一双（右隻）》

展示室1にある足開け式の両開きドア。食堂から厨房に続いていた当時の名残が見てとれる

1 マントルピースが残る展示前室　2 三井家ゆかりの国宝茶室「如庵」内部を再現した展示室

三井本館の内装を利用している展示室。壁のアンティークランプ、調度品の重厚な佇まいなどから、三井家の歴史の深さを感じる

2

3

1

1 宇宙船の中にいるような近未来的な雰囲気の展示室　2 館内にあるさまざまな装置を起動するカギになるICチップを内蔵したメダル　3 2階受付フロア。うしろにあるカプセルエントリーで、自分の使う言語や性別をメダルに登録する

負けないぞ！
いざ、対戦！

対戦ゲームをしながら、くすりがウイルスを退治していくプロセスを体験できるコーナー。数人でわいわい参加できる

2

1

3

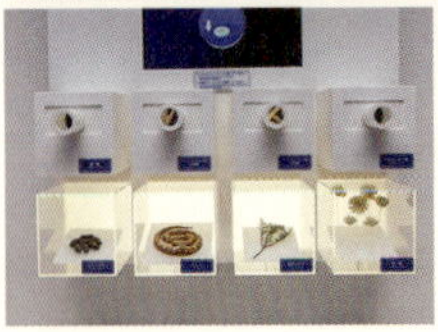

1 クイズに挑戦しながら薬の形が学べるゲーム　2 3画面の大型スクリーンを使ったシアターで「くすりの未来」をテーマにしたムービーを上映　3 植物、動物、鉱物、菌類など自然界にある“薬の種”の模型を見る

2

「くすり」を学べる体験型展示施設

Daiichi Sankyo くすりミュージアム

¥0 FREE

日本橋に本社を構える製薬メーカー・第一三共株式会社が創設した無料体験型施設。日本橋は薬とゆかりの深い地で、古くから薬種問屋が集結。これは、江戸の町ができ始めた頃、過酷な労働から眼病が蔓延し、目薬が流行ったことに由来するという。くすりミュージアムでは、薬が人体にどのように効くのか可視化したスケルトンの人体模型や、ICチップ内蔵のメダルで操作するインタラクティブなゲームを通して薬のしくみを分かりやすく説明。大人も子どもも楽しみながら学べるミュージアムになっている。

ダイイチ サンキョウ くすりミュージアム
㊟ 中央区日本橋本町3-5-1
㊫ 03-6225-1133
㊋ 10:00～17:30（完全予約制）
㊡ 月曜（祝休日の場合は開館、翌火曜休）
㊎ 無料

見て・聞いて・触れて、
くすりの謎を
ひもとこう

静謐で柔らかな作品世界

3 ミュゼ浜口陽三・ヤマサコレクション

1998年にヤマサ醤油株式会社が開設した、銅版画家・浜口陽三の作品を収蔵する美術館。陽三は、正保2年創業のヤマサ醤油第10代目社長・濱口儀兵衛の三男。浜口家は、5代目濱口灌圃《かんぽ》が南画家として活躍し、父儀兵衛も南画を学んだ。陽三は南画のほか、彫塑、油彩画、水彩画にも挑戦し、戦前にはフランス・パリで約8年間芸術を学んだ。40歳を超えて本格的に始めた銅版画で才能を開花し、国際的な評価を得る。カラーメゾチントという独特の技法を開拓した陽三が使用した道具や写真などが見られる機会も。

ミュゼはまぐちようぞう・ヤマサコレクション
㊟ 中央区日本橋蛎殻町1-35-7　㊣ 03-3665-0251
㊕ 11:00～17:00（最終入館16:30）、
土・日曜、祝日10:00～17:00（最終入館16:30）
㊡ 月曜、展示替え期間　㊎ 600円

さくらんぼや蝶などをモチーフにした作品で知られる。浜口陽三《蝶と葉》1972年　カラーメゾチント

銅版画の世界を
堪能できる
隠れ家スポット

1 赤いさくらんぼが並ぶ一筆箋350円
2 浜口陽三《パリの屋根》のクリアファイル300円

お醤油倉庫を
リノベした
アート空間

ヤマサ醤油の倉庫を改装して造られた美術館。1階と地下1階の展示室を繋ぐ螺旋階段が印象的

日本で初めて！
＼ギャラリーのアンテナショップ／

4 かわいい小作品がずらりと並ぶ Art Mall

¥0 FREE

こぢんまりとした、パステル系の色合いがかわいい店の外観

銀座のギャラリーのアンテナショップとして、2016年にオープン。ビルの1階で作品の常設展示と販売を行っており、2階で週ごとに独自の個展を開いている。1階は扉が開け放たれたオープンスペースになっていて、誰でも気軽に立ち寄れる。

アートモール
㊟ 中央区日本橋室町1-13-10 ㊔ 03-6262-1522
㊕ 12:00～20:00、日曜～18:00
㊡ 月曜 ¥無料

2

1

1 店前の通りには、毎年3月上旬になると見事な「おかめ桜」が花を咲かせる 2 1階に展示、販売されている作品たちの間を縫って個展を行う"プチ展示"も開催されている

たくさんの作品に気軽に出合えるね

5 ユニークなお金のミュージアム 日本銀行金融研究所 貨幣博物館

¥0 FREE

古代から現代までのお金の歴史を学ぶことができる歴史博物館。昭和60（1985）年、日本銀行の創立100周年を記念して金融研究所内に開館した。江戸時代の小判や大判、明治時代に発行された最初の日本銀行券など、貨幣に関するさまざまな資料を見ることができる。

にっぽんぎんこうきんゆうけんきゅうじょかへいはくぶつかん
㊟ 中央区日本橋本石町1-3-1 日本銀行分館内
㊔ 03-3277-3037 ㊕ 9:30～16:30（最終入館16:00）
㊡ 月曜（祝日の場合開館）、展示替え期間 ¥ 無料

1

2

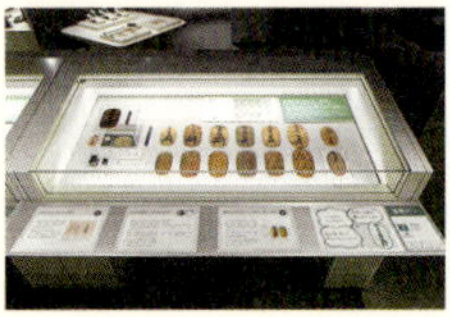
3

1 展示室は日本銀行南分館の2階にある。古代・中世・近世・近代と時代ごとに分かれ、各時代のお金の知識や使われ方を紹介している 2 記念撮影ができるフォトスポットも！ 3 大判を展示したケース

金運アップ
＼するかも！／

ここにしかないおみやげ！
お札せんべい540円

旅人や商人で賑わった日本橋のシンボル
日本橋

首都高速の下を流れる日本橋川に架かる橋。徳川家康が江戸に幕府を開いた慶長8（1587）年に完成したことで、五街道の起点に定められた。現在も日本の道路の起点として、道路の真ん中に「日本国道路元標」の標識が埋め込まれている。

青銅製の照明灯を飾る麒麟像（一部）。対面に獅子像がある

にほんばし
㊟ 中央区日本橋1-1

シンプルだけどうまい！ 土佐銘菓
日本橋 芋屋金次郎

コレド室町2内にあるさつま芋スイーツの専門店。併設の工房で当日に揚げたばかりの揚げたて芋けんぴが名物。ほかにも塩けんぴ、スイートポテトなどさつま芋を使ったスイーツが充実。

オリーブ油配合油で揚げた揚げたて芋けんぴ

にほんばし いもやきんじろう
㊟ 中央区日本橋室町2-3-1 コレド室町2 1F
㊔ 03-3277-6027 ㊋ 11:00～20:00(土·日曜·祝日10:00～) ㊡ コレド室町2に準ずる

チョコレート好きにはたまらない
nel CRAFT CHOCOLATE TOKYO

ビーントゥーバーの手法によるチョコレートの専門店。カフェでチョコレートパフェやタブレットで一杯ずつ淹れるチョコレートドリンクが味わえる。

美しい盛り付けのチョコレートパフェ 1100円

ネル クラフトチョコレート トーキョー
㊟ 中央区日本橋浜町3-20-2 HAMACHO HOTEL内
㊔ 03-5643-7123
㊋ 10:00～18:00 ㊡ 不定休

机まわりを楽しくする！
PAPIER TIGRE

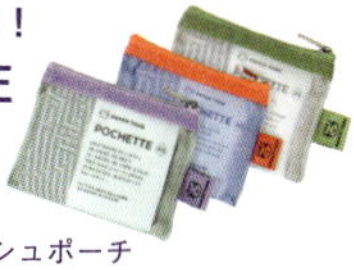
メッシュポーチ XSサイズ各1430円

パリで生まれたステーショナリーブランド「PAPIER TIGRE」の直営店2号店。個性的なカラー、デザインの文房具や雑貨を制作、販売している。

店内にはユニークなデザインのアイテムがずらりと並ぶ

パピエ ティグル
㊟ 中央区日本橋浜町3-10-4
㊔ 03-6875-0431
㊋ 水～金曜12:00～18:00（土·日曜·祝日～19:00） ㊡ 月·火曜（祝日の場合営業）

華やかな名建築
日本橋髙島屋 S.C.本館

百貨店建築として初の重要文化財に指定。漆喰彫刻、手動操作のエレベーター、大理石張りの壁など、見どころが満載だ。毎月第2木曜の11時から重要文化財見学ツアー（要予約、無料）も開催。

昭和8（1933）年に竣工

和洋の彫刻が施された大理石の柱

にほんばしたかしまやショッピングセンターほんかん
㊟ 中央区日本橋2-4-1（本館）
㊔ 03-3211-4111
㊋ 10:30～19:30（一部店舗のぞく） ㊡ 不定休

台湾から来たアジア No.1 書店
誠品生活日本橋

日本上陸1号店となる、台湾発のカルチャー体験型店舗。2019年にオープンしたコレド室町テラスの中にある。書籍を集めた「誠品書店」を中心に、雑貨や文具、レストラン、カフェなども。

街並みを思わせる回廊。書店ゾーンでは畳椅子が備わる読書スペースも

せいひんせいかつにほんばし
㊟ 中央区日本橋室町3-2-1 コレド室町テラス 2F
㊔ 03-6225-2871
㊋ 11:00～20:00（土・日曜・祝日10:00～、一部店舗は異なる） ㊡ コレド室町テラスに準ずる

丸の内

MARUNOUCHI

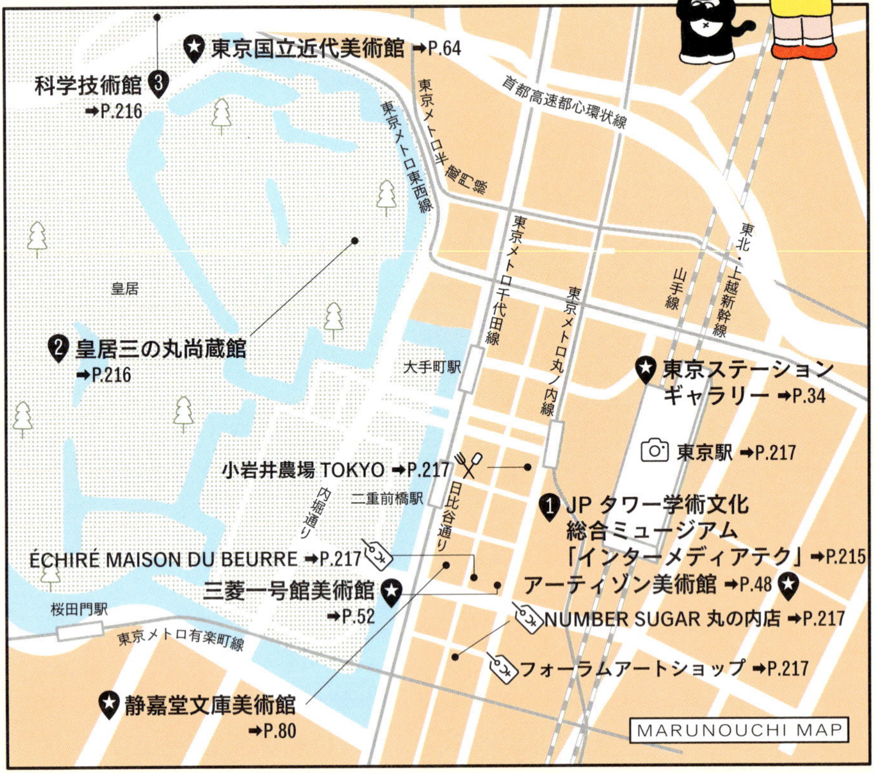

アートもグルメも全部がそろうオフィス街で街ブラ

皇居や東京駅のある丸の内エリアはまさに東京の中心部。丸の内は日本の金融・経済の中心でビジネス街でありながら、東京ステーションギャラリーや三菱一号館美術館など丸の内の歴史を物語る美術館も点在。丸ビルなどの商業施設も多数並び、休日はもちろん、仕事帰りに訪れたい〝大人の遊び場〟といった雰囲気が魅力だ。

皇居周辺は、丸の内のビル群とうってかわって緑豊かなエリア。天気がいい日はアート鑑賞と併せて皇居の散策を楽しむのがおすすめだ。

丸の内は東京駅をはじめ地下鉄の駅も多いので、気軽に訪れられるのもうれしい。

↓ ここもハズせない!!

東京ステーションギャラリー

重要文化財でもある東京駅の駅舎内にあり、さまざまなジャンルの企画展を開催している。

CHECK P.34

三菱一号館美術館

明治時代に建設された建物を復元した、レンガ造りの美術館。19世紀末の世紀末芸術が特徴。

CHECK P.52

アーティゾン美術館

日本近代洋画、印象派、20世紀美術をはじめ、古美術品や現代美術まで幅広くコレクション。

CHECK P.48

東京国立近代美術館

皇居近くの北の丸公園にあり、日本の近代美術をはじめとする国内最大規模のコレクションが自慢。

CHECK P.64

静嘉堂文庫美術館

岩崎彌之助・小彌太がコレクションした国宝7件を含む約6500件の東洋古美術品を収蔵する。

CHECK P.80

19世紀にタイムスリップ!?

1 JPタワー学術文化総合ミュージアム「インターメディアテク」

¥0 FREE

迫力の骨格標本がずらりと並ぶ！

2

1

1 東大医学部の古いキャビネットを活用した展示が圧巻だ 2 コンクリート打ちっぱなしのモダンな空間に、レトロな什器や小瓶、動物の骨格標本などを展示。モダンかつクラシカルな雰囲気が魅力

昭和モダニズムを代表する建造物である、旧東京中央郵便局舎内にあるミュージアム。日本郵便株式会社と東京大学総合研究博物館との協働事業による。東京大学が明治10（1877）年の創学以来蓄積を重ねてきた学術標本を、戦前の帝国大学時代に使われていたケースやキャビネットに展示している。

ジェーピータワーがくじゅつぶんかそうごうミュージアム「インターメディアテク」

㊟ 千代田区丸の内2-7-2 ＫＩＴＴＥ２・3F

㊫ 050-5541-8600（ハローダイヤル）

㊓ 11:00～18:00（金・土曜11:00～20:00）

㊡ 月曜（祝日の場合翌日） ㊎ 無料

ミュージアムショップも！

1

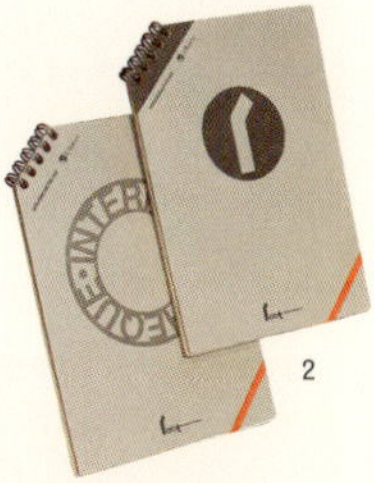

2

3

1 商品が博物館の展示ケースに並べられるユニークなショップ「IMTブティック」には、東大の研究成果を生かした商品も多数 2 IMTブティック限定販売のIMTオリジナルノート各1250円 3 東大が開発した体力式®アミノ酸ゼリー195円

皇室に伝わる美術の名品がずらり
② 皇居三の丸尚蔵館

皇室に代々受け継がれてきた絵画・書・工芸などの優れた作品を保存・研究・公開。コレクションは、4世紀中国の書聖・王羲之《喪乱帖》の唐の時代の模本から、狩野探幽《源氏物語図屏風》、19世紀イタリアの画家による各国元首の肖像画など、幅広く興味深い。

こうきょさんのまるしょうぞうかん
㊟ 千代田区千代田1-8 皇居東御苑内
㊕ 050-5541-8600（ハローダイヤル）
㊓ 9:30～17:00（最終入館16:30）
㊡ 月曜（祝休日の場合は開館、翌平日休館）、天皇誕生日（2月23日）、展示替え期間
¥ 1000円
※新施設の建設工事に伴い2025年5月7日から一時休館。全面開館は2026年秋を予定

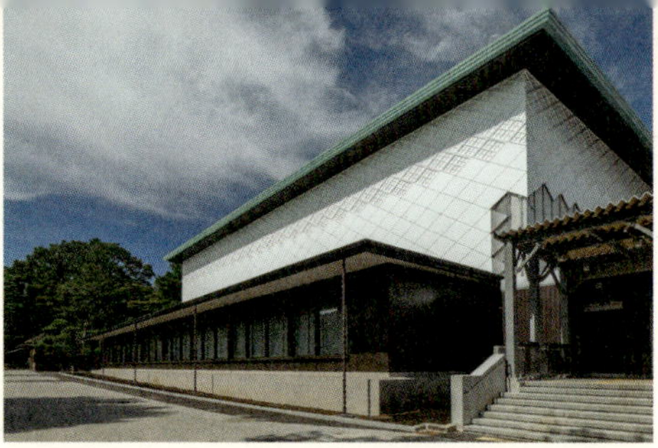

皇居大手門から歩いてすぐ、緑豊かな東御苑に立つ。「百花ひらく」などのテーマ展をもとに皇室ゆかりの収蔵品を紹介

皇居三の丸尚蔵館収蔵の横山大観《日出処日本》昭和15年（1940）。2025年1月4日～3月2日開催「瑞祥のかたち」でも全期間展示

展示室は2つ。作品保存のため、温湿度管理のできる収蔵庫を完備

約6200件もの貴重な名品が収蔵されているのね

＼ 巨大な歯車は動かせる!? ／

5階「FOREST」では手で触れて楽しむ展示が多数。「メカ」の部屋では、歯車、てこなどを使った装置で物理の原理を体感できる

2　1

1「くすりの部屋—クスリウム」では、薬の歴史や患部に作用するメカニズムなどが分かる　2 デジタル情報がテーマの展示も

科学の不思議を体験して学ぶ！
③ 科学技術館

生活に身近な科学技術や産業技術を紹介するミュージアム。「見て、触って、体験する」というテーマのもと、体験型の展示を通して科学技術の原理や応用を学ぶことができる。体を動かし楽しみながら科学の不思議を体感でき、家族連れにも人気。実験ショーやレーザーオリジナル定規づくりなど、毎日さまざまなプログラムが開催される。

かがくぎじゅつかん
㊟ 千代田区北の丸公園2-1　㊕ 03-3212-8544
㊓ 9:30～16:50（最終入館16:00）
㊡ 水曜不定休
¥ 950円

皇居からほど近い北の丸公園内にあり、緑豊かな立地

オシャレなグッズをゲット
フォーラムアートショップ

東京国際フォーラム内にあるセレクトショップ。海外からの輸入雑貨をはじめ、ミュージアムグッズやアートグッズを扱う。また、版画を中心に原画・ポスターなど、人気作家の絵画やオーダーフレームの取り扱いも。

アート鑑賞も楽しめるオシャレな空間が魅力

㊟ 千代田区丸の内3-5-1 東京国際フォーラムC棟1F
㊂ 03-3286-6716　㊕ 11:00～19:00　㊡ 無休

多彩な味が楽しめる
NUMBER SUGAR 丸の内店

一粒ずつ手作りしているキャラメルの専門店。厳選素材を使い、香料、着色料、酸味料などの添加物は不使用。バニラ、塩、ラズベリーなど8種をそろえる。

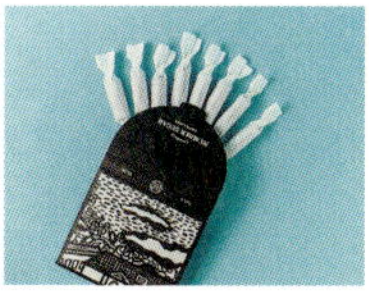
塩、八丁味噌、黒糖、宇治抹茶の4種セットのMARUNOUCHI BOX1296円

8種入りの8PCS BOX 1123円

ナンバーシュガーまるのうちてん
㊟ 千代田区丸の内3-4-1
新国際ビル1F
㊂ 03-6812-2959　㊕ 11:00～19:00
㊡ 無休

世界初のエシレ バター専門店
ÉCHIRÉ MAISON DU BEURRE

フランス産A.O.P.認定発酵バター「エシレ」のフルラインアップをはじめエシレ バターを使ったオリジナルの焼き菓子やケーキ、クロワッサンなどを販売。開店前から行列ができるほどの人気。

サブレ・エシレ(上)
ガレット・エシレ
各4320円

エシレ メゾン デュ ブール
㊟ 千代田区丸の内2-6-1
丸の内ブリックスクエア1F
㊂ なし
㊕ 10:00～19:00　㊡ 不定休

東京のシンボルの赤レンガ駅舎
東京駅

JRや地下鉄各線の駅として現在も活躍する東京駅は、日本銀行本店を設計したことで知られる建築家、辰野金吾が設計し、大正3（1914）年に開業。昭和20（1945）年に、戦災により一部のドームや内装が焼失。2012年に復原された。赤レンガ造りの外観に、南北にあるドームが特徴の優雅なデザインで、駅を行き交う人々を魅了する。

ドームは丸の内南口(改札外)と丸の内北口(改札外)の各コンコースで見られる。駅舎には東京ステーションホテルや東京ステーションギャラリーなどを併設

とうきょうえき
㊟ 千代田区丸の内1　㊕ 見学自由

丸ビルでランチするなら！
小岩井農場 TOKYO

丸ビルの5階にある人気レストラン。岩手県の小岩井農場直営で、食材は農場で一貫生産する牛肉、チーズ、卵、野菜を使用。100%農場産のビーフを使用した肉汁たっぷりの絶品ハンバーグ2500円～がおすすめ。

小岩井牛100%
ハンバーグステーキ

眺望のいい店内。
夜景も素敵

こいわいのうじょう トーキョー
㊟ 千代田区丸の内2-4-1 丸の内ビルディング5F
㊂ 03-5224-3070　㊕ 11:00～22:00
(21:00LO)　㊡ 丸ビルに準ずる

ART MUSEUM SANPO

AREA: 09/10

新宿

SHINJYUKU

大人の街へ
でかけよう

明治から昭和の芸術家が愛した場所

都庁を中心とした副都心高層ビル街が広がる新宿エリア。SOMPO美術館や東京オペラシティアートギャラリーなど、都市型美術館が多いが、明治末から昭和初期にかけて生まれた名所もたくさんある。

伊勢丹などの百貨店はもちろん、文化・情報の発信地である紀伊國屋書店、喫茶店文化の先駆けとなった名曲・喫茶らんぶるなどは、いわば新宿のカルチャーをリードしてきた「骨格」ともいえるスポット。

「中村屋サロン」と呼ばれ、彫刻家の荻原守衛《もりえ》、画家の中村彝《つね》、書家の會津八一など、多くの芸術家や文人が集った新宿中村屋は、2014年に中村屋サロン美術館を開設した。芸術を通して新宿の歴史を巡ってみよう。

ゴッホの「ひまわり」が
いつも見られる！

フィンセント・ファン・ゴッホ《ひまわり》1888年

常設展示されているフィンセント・ファン・ゴッホの《ひまわり》は、同じ構図の《ひまわり》が世界に6点あるうちの1点だ

企画展は年5回ほど開催。美術館の原点である東郷青児の作品は、初期から晩年までの油絵を含む約240点と資料群を収蔵している

1 新宿でアートを見るならまずはここ！

SOMPO美術館

昭和51（1976）年に「東郷青児美術館」として損保ジャパン本社ビル42階で開館し、43年の歴史を重ねてきたが、2020年に同ビル敷地内に建設された地上6階建ての美術館に移転。カーブした外観、ガラスカーテンウォールのエントランス、市松状の木材天井などが印象的でアートの香りがする建物の「SOMPO美術館」として生まれ変わった。西洋絵画から現代アートまで幅広いテーマでの“個性的で魅力的な展覧会”を展開し、アジアで唯一、ゴッホの《ひまわり》を見ることができる美術館として親しまれている。

ソンポびじゅつかん
㊟ 新宿区西新宿1-26-1
㊔ 050-5541-8600（ハローダイヤル）
㊕ 10:00～18:00（展覧会により金曜延長あり）
㊡ 月曜（祝日の場合開館、翌平日休館）、展示替え期間
¥ 展覧会により異なる

美術館棟は、地上6階、地下1階、高さ39.9m。1階がエントランスで2階がミュージアムショップと休憩スペース。3階から5階が展示室だ

exhibition

藤田嗣治　7つの情熱

2025年4月12日～6月22日　¥ 1800円

レオナール・フジタ（藤田嗣治）の創作源に迫る展覧会。フジタ研究の第一人者として知られるシルヴィー・ビュイッソン氏監修のもと、フジタが生涯にわたり情熱を注いだ7つのテーマで構成する。

ニュースタイルの
SOMPO美術館に
ワクワク！

＼ 異彩を放つアーティストだらけ
フレッシュな若手作家をチェック！ ／

3

1

4

2

1 Photo:KIOKU Keizo　2 ©Simon Fujiwara / courtesy the artist and TARO NASU Photo:KIOKU Keizo　3 ©Tomoo Gokita/courtesy the artist and Taka Ishii Gallery Photo:TAKAHASHI Kenji　4 ©RYAN McGINLEY/courtesy the artist and Team Gallery, New York / Tomio Koyama Gallery　Photo:KIOKU Keizo

1「単色のリズム 韓国の抽象」展示風景　2 サイモン・フジワラ「ホワイトデー」　3 五木田智央「PEEKABOO」　4 ライアン・マッギンレー「BODY LOUD !」（すべて終了した企画展）

2 現代アートの多彩な魅力を発信

東京オペラシティアートギャラリー

複合文化施設東京オペラシティビルの3階にあるアートスペース。絵画、彫刻、映像、写真、建築など国内外のアーティストを取り上げる企画展、コレクションを紹介する収蔵品展、若手を支援する個展シリーズ「project N」の3つの展覧会を、年4回同時に開催している。収蔵品の核となるのは、東京オペラシティ共同事業者でもある寺田小太郎が、蒐集、寄贈した油彩、水彩、版画、素描、立体など戦後の日本の美術を中心にした約4000点におよぶ「寺田コレクション」。

とうきょうオペラシティアートギャラリー
㊟ 新宿区西新宿3-20-2
㊫ 050-5541-8600（ハローダイヤル）
㊡ 11:00～19:00（最終入館18:30）、
㊡ 月曜（祝日の場合翌日）
㊎ 展覧会により異なる

現代アートがとってもアツい！

1

Photo:SAITO Arata

2

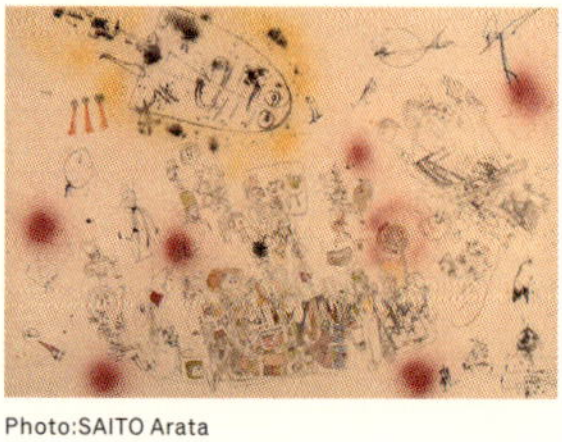

Photo:SAITO Arata

3

Photo:HAYAKAWA Koichi

1 相笠昌義「日常生活：公園にて」1973年　2 難波田史男「宇宙船がくるよ」1961年　3 李禹煥《線より》1976年。すべて寺田コレクションより

2　1

1 日本の近代美術に影響を与えた中村屋サロンのメンバーだけでなく、若手アーティストの展示やイベントも行われる　2 中村彝《小女》1914年中村屋の創業者夫妻の長女を描いた作品

3 多くの文人墨客が集った

中村屋サロン美術館

明治34（1901）年、パン屋として創業した新宿中村屋。芸術に深い造詣を持つ創業者夫妻のもとに、多くの芸術家が出入りしていたのが中村屋サロンの始まり。2014年開設の中村屋サロン美術館では、中村屋サロンの芸術家らの作品を紹介する展覧会などを行っている。

なかむらやサロンびじゅつかん
㊟ 新宿区新宿3-26-13
新宿中村屋ビル3F
㊢ 03-5362-7508
㊋ 10:30～18:00（最終入館17:40）
㊡ 火曜（祝日の場合翌平日）
¥ 展覧会により異なる

「中村屋サロン」の
歴史に
思いを馳せて…

名曲喫茶で豊かな時間を

名曲・珈琲
新宿 らんぶる

長年ファンに愛される老舗の喫茶店。レトロなインテリアも開業当時から変わらず現役のまま

昭和25（1950）年創業のレトロな喫茶店。昭和へタイムスリップしたかのような雰囲気の店内に、静かにクラシック音楽が流れる。コーヒー好きも唸らせる深煎りほろにがブラックゼリーが名物。

めいきょく・こーひー しんじゅくらんぶる
㊟ 新宿区新宿3-31-3 1F・B1F
㊢ 03-3352-3361
㊋ 9:30～17:30LO　㊡ 無休

蔵書数約 100 万冊の大型書店

紀伊國屋書店 新宿本店

昭和2（1927）年創業。文化・情報の発信を続ける国内最大級の老舗書店。5階芸術書売り場には美術、デザイン、写真集など幅広い書籍が並ぶ。

2023年にリニューアル。写真は5階の芸術書売り場

きのくにやしょてん しんじゅくほんてん
㊟ 新宿区新宿3-17-7
㊢ 03-3354-0131（代表）
㊋ 10:00～21:00　㊡ 無休

旬のスイーツが楽しめる

SALON BAKE & TEA

サロン・ド・テ スタイルのレストラン。季節の食材を使ったパフェ、スイーツビュッフェやアフタヌーンティー（要予約）などが楽しめる。

旬の味覚を贅沢に使った季節のフルーツパフェ 3800円～

サロン ベイク アンド ティー
㊟ 新宿区新宿4-1-6 NEWoMan 3F
㊢ 03-6380-1790
㊋ 11:00～20:30（日曜・祝日～20:00、フード19:00LO、ドリンク19:30LO）　㊡ 施設に準ずる

ART MUSEUM SANPO

AREA: 10/10

谷根千

YANESEN

マニアックな
お店が多い!

歩きまわるのが
とっても楽しい!

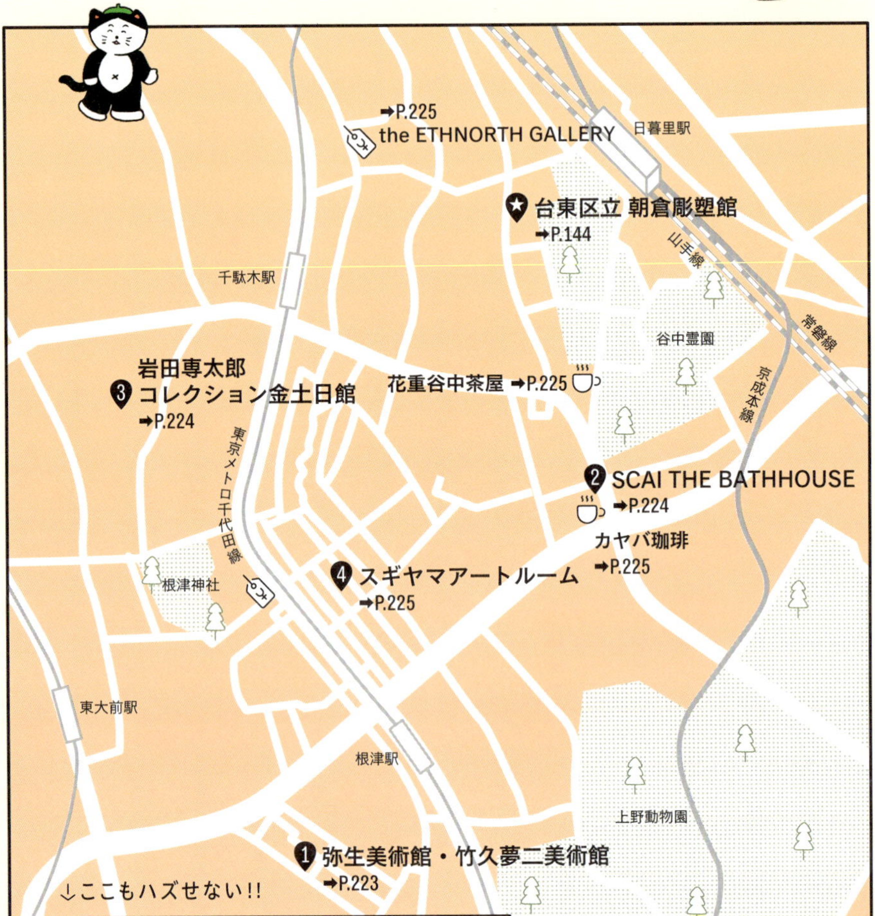

↓ここもハズせない!!

台東区立
朝倉彫塑館

彫塑家・朝倉文夫の旧アトリエ兼住居。朝倉の作品のほか、朝倉が集めた陶磁器や蔵書を展示している。

CHECK P.144

本の装幀もやってました

竹久夢二《水竹居》昭和8年

1 艶やかな大正ロマンの世界に浸る
弥生美術館・竹久夢二美術館

弥生美術館は、大正〜昭和にかけて活躍した挿絵画家・高畠華宵のほか、明治末から戦後の挿絵画家たちの作品を収蔵・展示している美術館。竹久夢二美術館は、大正ロマンを代表する画家・詩人の竹久夢二の書や美人画約3000点を収蔵・展示する美術館。2つの美術館は同じ敷地内に併設されており、建物内を移動することが可能。入館料1200円で両方を見学できる。

やよいびじゅつかん・たけひさゆめじびじゅつかん
㊟ 文京区弥生2-4-3
㊫ 弥生美術館03-3812-0012／竹久夢二美術館03-5689-0462
㊐ 10:00〜17:00（最終入館16:30）
㊡ 月曜（祝日の場合翌日）、展示替え期間 ¥ 1200円

竹久夢二著・装幀《夜の露台》大正5年

大正のカリスマ挿絵画家

右：高畠華宵〈馬賊の唄〉昭和4年・左：高畠華宵〈真澄の青空〉大正末〜昭和初期

併設している「夢二カフェ 港や」。夢二がデザインしたバラの花がラテアートされる、カプチーノ「夢のあと」が人気

ユニークで 個性豊かな 場所がいっぱい

入り組んだ路地や風情ある街並みが広がる谷根千（谷中・根津・千駄木）エリア。

東京の散策スポットとして人気が高く、近くに東京藝術大学があることから、個性の強いギャラリーやユニークなアートスポットが点在している。

谷中エリアには朝倉彫塑館や銭湯をギャラリーにしたSCAI THE BATHHOUSE。根津エリアには、大正ロマンの世界に浸れる弥生美術館・竹久夢二美術館。千駄木エリアには週末の2日間しか開かない岩田専太郎 コレクション金土日館がある。

老舗の喫茶店・カヤバ珈琲で休憩しながら、谷根千散歩を満喫しよう。

名和晃平「Biomatrix」(2018年) 展示風景　撮影：宮島径　協力：SCAI THE BATHHOUSE

アピチャッポン･ウィーラセタクン「Memoria」(2017年) 展示風景　撮影：表恒匡　協力：SCAI THE BATHHOUSE

名和晃平「FORCE」(2015年) 展示風景　撮影：表恒匡　協力：SCAI THE BATHHOUSE

2 最先端の日本のアートを銭湯から発信 SCAI THE BATHHOUSE

天明7（1787）年創業、200年以上の歴史を持つ銭湯「柏湯」を改装して1993年にオープンしたギャラリー。外観は“THE・銭湯”だが、中に入るとモルタルの床に白壁の開放的な展示空間が広がる。現代美術に特化し、国内外の一線で活躍するアーティストの展示を行っている。

スカイザバスハウス
㊟ 台東区谷中 6-1-23 柏湯跡
㊫ 03-3821-1144　㊕ 12:00～18:00
㊡ 日・月曜、祝日、展示替え期間　¥ 無料

¥0 FREE

撮影：上野則宏　協力：SCAI THE BATHHOUSE

お風呂屋さんがギャラリーに変身！

柏湯は、川端康成や池波正太郎など、多くの文化人に愛されていた

写真提供：公益財団法人東京都公園協会　1

3 華やかな美人画が咲き誇る週末のみの美術館 岩田専太郎コレクション 金土日館

昭和の挿絵の第一人者として活躍した岩田専太郎の画業や日本画を紹介する美術館。オープンするのは金曜から日曜までの週末のうち2日間。江戸川乱歩、司馬遼太郎、松本清張など名だたる作家の挿絵を描き、生涯にわたり約6万点もの作品を残した。

いわたせんたろうコレクション きんどにちかん
㊟ 文京区千駄木 1-11-16　㊫ 03-3824-4406
㊕ 12:00～15:30（最終入館15:00）
㊡ 月～木曜、展示替え期間、臨時休あり　¥ 600円

2　3

1 鳥柄に大胆な色の組み合わせが印象的な「スカーフ」 2「くれない」。晩年、岩田は挿絵の仕事と並行して美人画も制作。構図や色だけで女性の内面を描き出した　3 女性の何気ない所作の美しさを描いた「稽古帰り」

\\ モノクロの世界が美しい //

1

2

1 杉山浩一《白山神社あじさい》
2 杉山浩一《中秋の名月・平和》

リアルだけど
人間味のある
温かいタッチ…

4

下町情緒あふれる谷根千の風景をペン画で

スギヤマアートルーム

細密ペン画家の杉山八郎・浩一親子の描いた細密画を展示しているギャラリー。2人は東京の下町に残る古い木造家屋や裏路地など、昭和の面影を残す景色を1本のボールペンで描き出している。展示はおよそ月ごとに変更され、併設のショップでは限りなく原画に近い状態に印刷された絵葉書やポスターなどが購入できる。

㊟ 文京区根津2-25-1 電 03-3823-3366
時 11:00～17:00 休 月曜 ¥ 600円

開放感バツグン！

花重谷中茶屋

老舗花屋の建築を活用。店内は生花店とつながっている

谷中霊園の入口近くの国登録有形文化財の町屋建築をリノベーションしたカフェ。“つぼ焼”にこだわった焼きいものブリュレ、ポタージュなどのメニューが個性的だ。

「つぼ焼いもブリュレ～北海道ソフトを添えて～」880円（数量限定）

はなじゅうやなかちゃや
住 台東区谷中7-5-27
電 なし 時 10:00～17:00（不定期で15:00～20:00のBAR営業あり） 休 火曜・第4水曜

谷中の名喫茶

カヤバ珈琲

昭和13（1938）年創業の町家を改築した古民家カフェ。タマゴサンドは、レーズン酵母の山食パンにリニューアルしつつ、名店の味を受け継いでいる。

ふわとろ卵焼きを挟んだたまごサンドはスープ、サラダとセットで1400円

カヤバコーヒー
住 台東区谷中6-1-29
電 03-4361-3115 時 8:00～18:00（フード17:00LO、ドリンク＆デザート17:30LO）
休 月曜（祝日の場合翌平日）

世界の手仕事と音楽をテーマに

the ETHNORTH GALLERY

世界各地の工房と、天然資源や手工芸の技術を生かしたもの作りをするthe ETHNORTH GALLERYの直営店。他民族とのコラボ商品も魅力。

2階はギャラリースペース。不定期で展示を行っている

ザ エスノース ギャラリー
住 台東区谷中3-13-6
電 03-5834-2583 時 11:30～18:30
休 木曜（祝日の場合営業）

③

東京からひと足のばして

アートトリップ

TOKYO MUSEUM GUIDE ART TRIP

都会の喧騒から離れて、アートの旅へ出発。ミュージアム以外にも楽しみがある、魅力的な場所を選んでみて。

屋外展示場に佇む５ｍの人物像《ミス・ブラック・パワー》(1968年) は、フランス人彫刻家ニキ・ド・サン・ファールによるもの

ART TRIP 1

GO TO 箱根 × TO SEE 彫刻

彫刻の森美術館

CHOKOKU-NO-MORI BIJUTSUKAN

箱根登山鉄道箱根湯本駅からバスで約20分

東名高速道路厚木ICから約1時間

＼ 高原のミュージアムへトリップ ／

彫刻の森美術館は、国内初の野外美術館として昭和44 (1969) 年に開館

国内初の野外美術館で自然とアートを満喫

日本屈指の温泉地として知られる箱根へは、都心から電車でわずか1時間30分ほど。富士箱根伊豆国立公園に指定されている箱根山の麓から中腹まで、いたるところに温泉地が点在しており、豊かな自然環境に溶け込んだ美術館やアートスポットが多数集まっている。

彫刻の森美術館は、箱根湯本駅から車で約20分。美しい山々に囲まれた標高約５００メート

アート以外にも
多彩な施設で
一日遊べる！

カラフルなネットが繋ぎ合わされた「ネットの森」は子どもに大人気。造形作家・堀内紀子と建築家・手塚貴晴＋手塚由比によるコラボ作品

「ネットの森」がある建物は、500本もの木材を積み重ねたもの。最先端の構造解析が駆使されている

館内の足湯では、美術館の敷地内から湧出する天然温泉を楽しめる

ルの高原に位置している。約7万平方メートルの緑あふれる広大な屋外展示場には、近現代を代表する彫刻家の作品約１２０点が常設展示されている。

フランス人彫刻家オーギュスト・ロダンのバルザック記念像、ロダンの助手を務めたエミール＝アントワーヌ・ブールデルの《弓を引くヘラクレス－大》など19世紀末の巨匠の作品から、岡本太郎の《樹人》、イタリア人彫刻家アルナルド・ポモドーロ《球体をもった球体》などの現代アート作品など、国内外の名作がいたるところに。散策をしながらアート鑑賞を楽しめる。

館内には野外展示場のほかにも、さまざまな展覧会を催す室内展示場、レストランやカフェ、足湯などのスポットが。陶芸を中心とした３１９点のピカソ・コレクションを順次公開する「ピカソ館」も要チェック。

「幸せをよぶシンフォニー彫刻」は光の巨匠とよばれるガブリエル・ロアールの作品

SNSで人気の〝写真映え〟なスポットを探す

多彩な展示空間にはフォトジェニックなアートも

体験型のアートスポットが多いのも、彫刻の森美術館の魅力。SNSで注目を集める「幸せをよぶシンフォニー彫刻」は、高さ18メートルの塔の内部の全面にステンドグラスがはめこまれた幻想的な空間。中央に設置された螺旋階段をのぼると、極彩色の光に360度囲まれ非日常の世界に浸ることができる。

階段を登りきるとそこは、美術館の全景と箱根の山々を見渡せる展望スポットになっている。そのほかにも、「ネットの森」「ポケっと。」なども人気。小学生以下の子どもが巨大なアート作品に触ったり登ったりできる体験型アートは、家族連れでも一日中楽しめる。

＼ まるで秘密基地みたい！ ／

1

2

3

1 屋外にカラフルな作品が展示された休憩エリア「ポケっと。」 2「目玉焼きのオブジェ」は裸足で登ったり寝そべったりできる 3 ハンモックのようなネットで遊べる「ネットの森」

景色もごちそうな グルメスポットをチェック

見どころ満載で一日楽しめる彫刻の森美術館は、2つのレストランのほかにカフェもあり、グルメスポットが充実。

「彫刻の森ダイニング」は、大きなガラス窓から雄大な箱根の山並みを見渡せて、晴れた日には遠く相模湾も望むことができる。オープンキッチンの店内では、旬の素材を使ったパスタやオーダーを受けてから手作りするピザが人気。カジュアルなビュッフェレストランは季節のメニューが食べ放題！ 落葉樹の木立に囲まれたカフェでは、テラス席から芝生の広がる展示場のパノラマを眺めながらくつろげる。

アート鑑賞後は
絶景レストランや
カフェでひと休み

1

4

3

2

1 絶景の「彫刻の森ダイニング」 **2 3 4** カフェ「The Hakone Open-Air Museum Café」では“ドモーリ”のチョコレートアイス550円や足柄きんたろう牛乳のソフトクリーム480円が人気。茶菓子付きの日本茶セット700円も（提供は14時～16時30分）

彫刻の森美術館

ちょうこくのもりびじゅつかん

㊟ 神奈川県足柄下郡箱根町二ノ平1121
㊪ 0460-82-1161
㊡ 9:00～17:00
㊡ 無休 ¥ 2000円

ミュージアムグッズをおみやげに！

ショッピングモールでは、美術館オリジナルグッズやアート作品とコラボしたデザイン雑貨、アート関連の書籍を扱う。

《歩く花》のオリジナル付箋390円

ひびのこずえ
マグカップ1540円

1 陶器片が出土した中世の城跡や奈良時代の集落跡が保存された遺跡広場。栃木ゆかりの作家による立体作品も展示　2 広場の向かいにある益子陶芸美術館

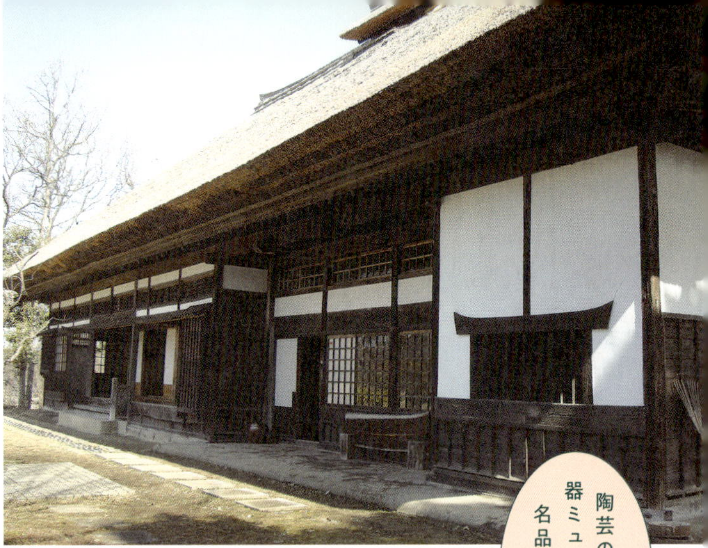

江戸時代に建設され、濱田庄司が住んだという旧濱田庄司邸

陶芸の里にある
器ミュージアムで
名品に出合う

ART TRIP

2

GO TO 益子 × TO SEE 陶器

益子陶芸美術館

MASHIKO TOGEI BIJUTSUKAN

真岡鐵道益子駅から徒歩約25分

北関東自動車道桜川筑西ICから約20分

益子焼の奥深さが分かる陶芸ミュージアムへ

江戸時代から陶器の産地として発展した栃木県益子町は、現在も焼き物の里として知られ、年に2回行われる陶器市では全国から多くの陶芸ファンが訪れる。益子焼の美術館をはじめ、陶芸作家の工房兼ギャラリーや益子焼の器を使ったカフェ、ショップ、などが点在し、焼き物アートの街として人気がある。

益子陶芸美術館は、国際工芸交流館や移築復元された旧濱田庄司邸、登り窯などがある複合施設、陶芸の丘・益子内にある。濱田庄司や島岡達三など益子焼を代表する陶芸家や、益子にゆかりのある陶芸家の作品を収集・展示。濱田庄司と交流のあった海外の陶芸家の作品や現代陶芸作品も紹介しており、益子焼の歴史や伝統工芸品としての奥深さを感じることができる。

1 木版画家・笹島喜平の作品を展示する笹島喜平館。白黒2色刷りの画風を追求した笹島独特の「拓刷り」の技法で作られた版画の数々を鑑賞することができる　2 濱田庄司が生前に愛用していた登り窯を移築復元し、公開している

1 日本各地の陶芸と絡めた企画展や陶器以外の工芸品にも焦点を当てた企画展など、テーマ性のある展覧会を随時開催　**2** 常設展示室では、年に数回展示替えを行っている

2

1

じっくりと器の魅力を堪能できる常設展示が魅力

＼ 益子焼の名品に出合う！ ／

島岡達三《塩釉縄文象嵌大皿》

濱田庄司《青釉黒白流描大鉢》

濱田庄司《掛合釉指描花瓶》

益子焼を鑑賞した後はミュージアムカフェへ

館内では、所蔵する益子焼を常設展示している。第1展示室では、近現代の陶芸を代表する陶芸家による、益子焼の名品を見ることができる。陶芸大国であり、益子とも縁が深かったイギリスの現代陶芸も展示。イギリス人陶芸家のバーナード・リーチの作品など、ヨーロッパのエスプリを感じられる陶器が並んでいる。

常設展示のほかに、国内外の現代陶芸を中心に年3～4回の企画展を開催。益子焼だけにとどまらない、陶器の魅力を知ることができる。

アート鑑賞の後は、益子焼の器でスイーツや飲み物を提供する館内のサロンへ。棚から好きな器を選ぶことができる。益子焼や雑貨をおみやげにできるミュージアムショップも。

益子陶芸美術館

ましことうげいびじゅつかん

(住) 栃木県芳賀郡益子町大字益子3021
(電) 0285-72-7555
(時) 9:30～17:00（最終入館16:30）、12～1月は9:30～16:30（最終入館16:00）
(休) 月曜（祝日の場合翌日）、展示替え期間
(¥) 600円

春・秋2回行われる陶器市は要チェック！

約50の店舗と約500のテントが立ち並び、伝統的な益子焼からスタイリッシュな食器まで。掘り出し物が見つかるかも？

マグカップなどモダンなデザインも

1 ©チームラボ

ART TRIP
3

GO TO 茨城 × TO SEE 現代アート

チームラボ 幽谷隠田跡

TEAMLAB: HIDDEN TRACES OF RICE TERRACES

JR常磐線大津港駅から車で約5分

常磐自動車道北茨城ICから約15分

自然のなかでアートに触れる夜の森のミュージアム

２０２４年、岡倉天心ゆかりの地である茨城県北茨城市五浦にチームラボの新スポットがオープンした。五浦は近代日本の美術運動家、岡倉天心が晩年居をかまえた場所。深い森とその中に隠されていた棚田跡の空間そのものをアート作品として再生させたのが、「チームラボ 幽谷隠田跡」だ。

〝夜の森〟を舞台とした作品のため、開場は夕方から。広大な森の中では、ランプの光が浮かび上がる棚田跡を利用した作品、鬱蒼とした樹木に投影される作品、森から見下ろす海の波の動きと呼応して変化する作品など、自然と調和したアート群が展開される。じっくり作品を見ながら歩くと1時間。歩きやすい服装で散策を楽しもう。

4

3

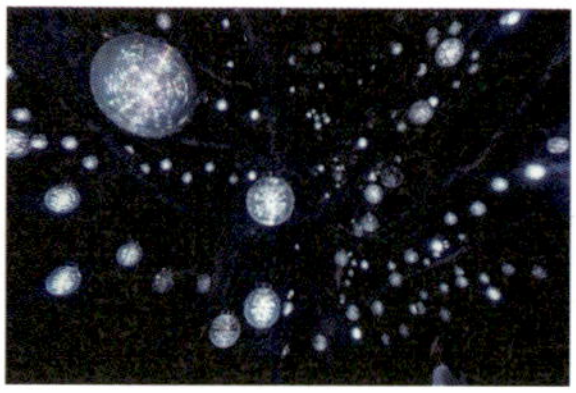

2

1 棚田を舞台とした《隠田跡》。水深3㎝程度の水の中の道を進む。防水靴を持参しよう　2《連続する軌跡》は空間に立体的に描かれた書　3 樹木に光る球体がぶら下がる幻想的な作品。球体は人が近づくと輝きを増し、音が流れる《タブノキに宿る呼応する宇宙》　4《幽谷の呼応する森》は、人や動物が近くを通ると光を発し、音色を響かせる。周辺の木々も次々に呼応する　©チームラボ

谷の起伏を生かしたグランピングエリア

「五浦幽谷隠田跡温泉源泉掛け流し＆グランピング」茨城，五浦 ©株式会社創輝

森と一体になれる宿泊施設にステイ

森に隣接した「五浦幽谷隠田跡温泉」は、アートの中に泊まれるグランピング施設。広大な敷地内には2つのコテージと20のテントがある。コテージのリビングの窓から見る森は、まるで一幅の絵画のよう。2階のベッドルームにも森を望む三角形の窓があり、窓を囲む床や壁面が鏡張りになっているため、万華鏡のように室内に無限の森が広がる。源泉かけ流しの露天風呂からは《隠田跡》を望み、写真撮影も可能。非日常的なステイを体験できること間違いなしだ。

北茨城ならではの海の幸をメインとしたBBQディナー

広々とした大型コットンテントは、4人まで宿泊可能

コテージ2階の特別室《天地無分別》は瞑想やリラックスタイムに

源泉かけ流し温泉の客室露天風呂やウッドデッキが付いたコテージ

棚田跡と一体になった外湯では、源泉かけ流しの温泉を男女共用・水着着用で楽しめる

チームラボ 幽谷隠田跡

チームラボ ゆうこくおんでんあと

㊟ 茨城県北茨城市大津町2132

㊔ 0293-24-5265

㊋ 18:00～22:00（季節により異なる）

㊡ 第1火曜

㊎ 見学料金2200円（事前日時指定予約制）、宿泊料金1泊1人1万8700円～

森を楽しむアクティビティもチェック

グランピングエリアのそばには宿泊者のみが利用できる焚き火エリアがあり、自由に利用可能。炎の温もりや音に癒されよう。

テントでのプライベート焚き火も体験できる（オプション）

イタリアのムラーノガラスを60個以上つなぎ合わせて造られた3m超えの大作
ジャン＝ミシェル・オトニエル《Kokoro》2009年　撮影：白久雄一

高原リゾートで現代アートを探してみる！

ART TRIP 4

GO TO 渋川 × TO SEE 現代アート

原美術館ARC

HARA MUSEUM ARC

JR上越線渋川駅からタクシーで約10分
関越自動車道渋川・伊香保ICから約15分

榛名山麓の高原を舞台に多彩な現代美術を公開！

原美術館ARCがあるのは、群馬県渋川市にある榛名山麓の高原。群馬の名湯・伊香保温泉まで車でわずか5分の好立地に位置している。

同館は現代美術の専門館で東京・品川にあった原美術館（2021年閉館）と、別館ハラ ミュージアム アーク（群馬・渋川）を統合した美術館。館内や広々とした庭園には、東京の原美術館に展示されていた作品も移設されている。プリツカー賞を受賞した建築家・磯崎新の手による建築も見どころだ。

小窓を覗くと
さらにオドロキ！

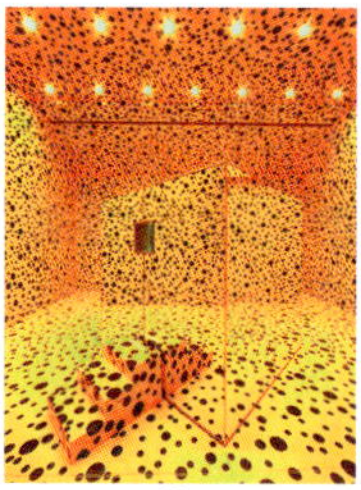

©YAYOI KUSAMA

壁や床、天井までもが水玉の草間彌生の作品
草間彌生《ミラールーム（かぼちゃ）》1991年　撮影：齋藤さだむ

世界的に活躍するアーティスト、奈良美智のアトリエをイメージしたインスタレーション
奈良美智「My Drawing Room」2004/2021年 © Yoshitomo Nara 撮影：木暮伸也

空間デザインも素敵な展示室

1

2

1 2 原美術館ARCの中心となる現代美術ギャラリー。常設展示のほか、国内外のアーティストによる企画展も開催

カフェ ダールのイメージケーキ

展覧会や作品にちなんだケーキ「イメージケーキ」の一例

1

2

1 高原の緑とシックな外観のコントラストが美しい 2 観海庵は書院造をモチーフにした和空間

韓国人アーティストによるライトボックスを用いた彫刻作品がエントランスで出迎える
イ・ブル《すべての落日の断片的解剖》2010年 撮影：木奥惠三

高原の自然に溶け込む現代アートの数々

磯崎新の設計による黒いシャープな外観の建物では、国内外の優れた現代アートを集めた「原美術館コレクション」のテーマ展示や企画展を開催。2008年に増築された特別展示室の観《かん》海庵《かいあん》では、東洋古美術の「原六郎コレクション」を紹介している。敷地内には、アンディ・ウォーホルやジャン＝ミシェル・オトニエルなど現代アーティストの作品が常設で屋外展示されているので、高原の自然を感じながらアート散策を楽しもう。

原美術館ARC

ハラビジュツカン アーク

(住) 群馬県渋川市金井2855-1
(電) 0279-24-6585
(時) 9:30～16:30（最終入館16:00）
(休) 祝日、8月を除く木曜、展示替え期間
(¥) 1800円

INDEX

MUSEUM & GALLERY

SIGHTSEEING & GOURMET & CAFE & SHOP

TOKYO MUSEUM GUIDE

STAFF

編集制作・取材・執筆 —— 若宮早希　朝倉由貴　笠井木々路

撮影 —— HIKARU　古根可南子　橋本千尋　山田大輔

写真協力 —— 関係諸施設

表紙・本文デザイン —— 八木孝枝

表紙・本文イラスト —— 中山信一

組版・印刷 —— 株式会社DNP出版プロダクツ

企画・編集 —— 朝日新聞出版 生活・文化編集部（清永愛、白方美樹）

改《かい》訂《てい》新《しん》版《ばん》 東《とう》京《きょう》ミュージアムガイド

2025年2月28日　第1刷発行
2025年5月10日　第2刷発行

編　著　朝日新聞出版

発行者　片桐圭子

発行所　朝日新聞出版
〒104-8011　東京都中央区築地5-3-2
（お問い合わせ）infojitsuyo@asahi.com

印刷所　株式会社DNP出版プロダクツ

Published in Japan by Asahi Shimbun Publications Inc.
ISBN 978-4-02-334770-0